GAOZHI GONGGONG JICHUKE
GAIGE YANJIU YU SHIJIAN
YI GUANGDONG QINGGONG ZHIYE JISHU XUEYUAN WEI LI

高职公共基础课改革研究与实践

——以广东轻工职业技术学院为例

叶小明 朱雪梅 李作为 吴 寒
韩光道 汪清明 黄国荣 程时用 等著

广东高等教育出版社
Guangdong Higher Education Press
·广州·

图书在版编目（CIP）数据

高职公共基础课改革研究与实践/叶小明，朱雪梅等著．—广州：广东高等教育出版社，2017.3

ISBN 978-7-5361-5786-6

Ⅰ．①高…　Ⅱ．①叶…　②朱…　Ⅲ．①基础课－教学改革－研究－高等职业教育　Ⅳ．①G718.5

中国版本图书馆 CIP 数据核字（2016）第 299468 号

广东高等教育出版社出版发行

地址：广州市天河区林和西横路

邮政编码：510500　电话：（020）87554153

网址：http://www.gdgjs.com.cn

广州市穗彩印务有限公司印刷

开本：787 毫米×1 092 毫米　1/16

印张：12.25　字数：226 千

2017 年 3 月第 1 版

2017 年 3 月第 1 次印刷

定价：25.00 元

目　　录

第一章　高职教育公共基础课的内在逻辑

高等职业院校是高等教育体系的重要组成部分，而公共基础课是其课程体系的重要组成部分，服务于高职教育人才培养目标的实现。有关高职教育目的的界定，中国近代著名的教育家、职教之父黄炎培曾提出，职业教育其目的为：一是谋个性之发展；二是为个人谋生之准备；三是为个人服务社会之准备；四是为国家及世界增进生产力之准备。职业教育的终极目标确定为“使无业者有业，使有业者乐业”。[①] 广东轻院第一任校长黄巽认为：“其目的固在作育专才。从事社会建设。而提倡职业教育。及增加国民生产。亦足以树各地之楷模。其用意之深邃，有非设立普通学校所可比拟者也。”

高职公共基础课是高职教育教学与教育的重要内容与载体，为学生提供专业学习基础，承担职业能力、职业道德、综合素质等基础能力培养任务，在高级技术应用型人才培养中具有重要的奠基作用。高职教育公共基础课改革的必要性和紧迫性在于改变过去课程体系定位不清、设置不合理等问题，满足高速发展的经济社会建设的人才需求，确立一整套独具凸显高等职业教育特色的公共课程与理论体系，树立既重视培养“人之为人”，且关注“人之能力”发展的现代高等职业教育思想。

一、高等性也是高职教育的根本属性

从 20 世纪 70 年代后期至今的 30 多年间，中国经济发展取得了举世瞩目的成就。在这期间，中国高等职业教育经历了跌宕起伏的发展历程。从最初高等教育的辅助和配角地位，逐渐发展成为高等教育的重要组成部分，成为实现中国高等教育大众化、现代化、国际化的主力军，成为培养中国经济发展、产业升级换代迫切需要的高素质技能型人才的主要阵地。目前，高等职业教育已占领了高等教育的半壁江山，在高等教育发展和经济社会发展中扮演着越来越重要的角色，发挥着不可替代的作用。

① 田正平，李笑贤．黄炎培教育论著选［M］．北京：人民教育出版社，1993．

（一）中国高职教育属性的演变

在高等教育的大众化、现代化与国际化发展过程中，高等职业教育经历了几个具有明显特色的发展阶段：即重视高等教育属性、忽视职业教育属性的初步发展阶段，突出职业教育属性、忽视高等教育属性的跨越式发展阶段和突出职业教育属性、重视高等教育属性的内涵建设阶段。上述不同的发展阶段有着不同特征与发展趋势。可以说，国家经济发展推动了高等教育的发展，高职教育在致力于地方经济发展服务过程中实现了现代化。

1. **突出高等教育属性、忽视职业教育属性阶段（1980—1990 年）**

这十年是中国高职教育恢复建设的重要阶段。在 20 个世纪的 70 年代末 80 年代初，中国恢复高考的同时也恢复了规范的体系内职业教育。中共十一届三中全会确立了以经济工作为中心，把全党工作重点转移的经济建设上来的方针，我国经济改革与社会建设进入快速发展时期。但是，在改革开放和社会经济的深入发展过程中，地方经济快速发展与技术应用型人才紧缺的矛盾日益凸显。为缓解人才需求紧张问题，部分经济发达地区创办一种新型高等院校——职业大学。为了提供更多的升学机会，解决当时经济社会人才紧缺问题，高等职业教育开展了招生制度、分配就业制度等方面的改革，成为当时中国高等教育改革的先锋。

1980 年，一批以“收费、走读、不包分配”为特点而明显区别于当时一般普通高校的地方职业大学诞生，标志着我国高等职业教育的正式起步。这一时期，由于对高职教育的人才培养目标、人才培养模式尚处于探索阶段，因而没有摆脱学科型培养模式的影响，所以高职教育没有显示出自己的特色，相当一部分职业大学不安于自己的性质，在有意无意中总是向普通高等学校靠拢，加上国家政策不配套，结果多数学校把高等职业教育办成了“压缩饼干式”的本科。即高职教育基本上是沿袭本科教育，以学科知识为基础的人才培养模式来开展教学教育。其结果是所培养的人才并不能很快地适应生产、管理第一线的岗位需求。

针对高等职业教育在满足经济发展的重要作用，以及高职教育中存在的问题，教育部在 1985 年颁布的《中共中央关于教育体制改革的决定》中明确提出：“积极发展高等职业技术院校，逐步建立起一个从初级到高级、行业配套、结构合理又能与普通教育相沟通的职业技术教育体系。”随后，全国先后建立起 120 余所职业大学。高等职业教育正式纳入国民高等教育体系。为完善高等职业教育体系，国家教委印发了《关于同意试办三所初中后五年制的技术专科学校的通知》（教计字 083 号），开始试办初中后“五年一贯制”技术专科教育。此举开辟高等职业教育发展新途径，既有效地培养大批生产一线需要的技术人员、管理人员以及业务人员，也避免专科教育的本科化，同时也加强专科教育与中等职业教育的衔接。

2. **突出职业教育属性、忽视高等教育属性阶段（1990—2006 年）**

这一时期是中国高职教育地位确立与跨越式发展的阶段。1990 年 11 月，国家教委在广州召开全国普通高等专科教育座谈会，总结我国几十年来发展高等专科教育的经验及教训，明确定位高等专科教育的地位、性质与作用。会议指出高等专科教育是高中教育后的一种专业教育，目的是为基层部门、生产第一线岗位培养德智体全面发展的、有较强适应性的应用型专门人才。1992 年党的十四大召开，确立经济改革的目标为建立社会主义市场经济体制。此后，中国经济社会发展进入全新发展阶段，对人才的需求也呈现多样化发展，高职教育改革迫在眉睫，尤其是教育目标的调整。经济高速发展和科技水平迅猛提高，普通高等教育已经无法满足经济发展所需的高级技术应用型人才的需求。高等职业教育在经济社会发展的重要地位显而易见。

1994 年，第二次全国教育工作会议提出了通过“三级分流”建立初、中、高相互衔接的职业教育体系，确定了以通过职业大学、成人高校和高等专科学校改革发展高等职业教育为精神的“三改一补”方针，即“通过现有的职业大学、部分高等专科学校或独立设置的成人高校改革办学模式，调整培养目标来发展高等职业教育。仍不满足时，经批准利用少数具备条件的重点中等专业学校改制或举办高职班作为补充来发展高等职业教育”。

1996 年正式颁布的《中华人民共和国职业教育法》提出“建立、健全职业学校教育与职业培训并举，并与其他教育相互沟通、协调发展职业教育体系”，正式确立了高等职业教育的法律地位。这是我国第一次把高等职业教育的地位以法律的形式确立下来，从此高等职业教育走上了依法办学的道路。1998 年《中华人民共和国高等教育法》颁布，其第 68 条规定：“本法所称高等学校是指大学、独立设置学院和高等专科学校，其中包括高等职业学校和成人高等学校”，进一步确立了高等职业教育的法律地位。

1999 年 1 月，教育部、国家计委关于印发《试行按新的管理模式和运行机制举办高等职业技术教育的实施意见》更明确地提出高等职业教育由以下六大机构承担：短期职业大学、职业技术学院、具有高等学历教育资格的民办高校、普通高等专科学校、本科院校内设置的高等职业教育机构（二级学院）、经教育部批准的极少数国家级重点中等专业学校、办学条件达到国家规定合格标准的成人高校等。同年，教育部成立高职高专教育人才培养工作委员会，成立大会上周远清副部长讲话中进一步明确“三教（高等专科教育、高等职业教育和成人高等教育）

统筹、协调发展”的方针。至此，六类高校共同承担高等职业教育的局面基本形成。

1999 年，国务院批转教育部《面向 21 世纪教育振兴行动计划》提出：“高等职业教育必须面向地区经济建设和社会发展，适应就业市场的实际需要，培养生产、服务、管理第一线需要的实用人才，真正办出特色。”1999 年 6 月，《中共中央、国务院关于深化教育改革全面推进素质教育的决定》进一步明确高等职业教育的地位及人才培养目标：“高等职业教育是高等教育的重要组成部分，要大力发展高等职业教育，培养一大批具有必要理论知识和较强的实践能力，生产、建设、管理、服务第一线和农村急需的专门人才。”为促进高等教育更好地适应经济建设和社会发展需要，加快实用性、技能型专门人才的培养速度，为积极探索多种途径发展高等职业技术教育，国家教委印发了《试行按新的管理模式和运行机制举办高等职业技术教育的实施意见》，进一步扩大省级政府对发展高等教育的决策权和统筹权，推行“三不一高”（不转户口、不包分配、不发派遣证以及高收费）政策，以此推动地区高等职业教育的发展。

高等职业教育在改革中面临较大压力，但其作为高等教育改革的急先锋，各地高等职业教育进入规模快速发展阶段。以“新模式、新机制”发展高等职业教育和高等职业学校设置审批权下放地方两项重要改革政策出台，极大地促进了高等职业教育的发展。中国高等职业教育在国家政策支持及经济发展的支撑下大力开拓。

1999 年，党中央、国务院在《关于深化教育改革全面推进素质教育的决定》中首次提出“大力发展高等职业教育”，随着全国高等院校大规模扩招，高职教育以独立设置高职院校迅速增长为主要标志得到了蓬勃发展，到 2006 年年底，独立设置的高职院校数量为 1 147 所；高职院校招生人数为 293 万人，超过了普通本科招生人数；在校生人数为 796 万人，接近普通本科在校生人数。在规模扩大后，办学水平和人才培养的质量成为高职教育发展瓶颈。根据教育部《关于开展高职高专院校人才培养工作水平评估试点工作的通知》（教高司函〔2003〕16 号），高等职业院校人才培养和办学水平评估试点工作，对 25 个省市的 26 所高职院校进行了评估。在试点基础上，2004 年 4 月，教育部办公厅印发了《关于全面开展高职高专院校人才培养工作水平评估的通知》（教高厅〔2004〕16 号），委托省级教育行政部门具体组织实施本地的高职高专院校评估工作，正式建立起五年一轮的高职高专院校评估制度。

这一时期，我国高等职业教育在办学主体、学制改革以及培养目标、办学特色等方面开展了改革性的探索，做出很多实验性的调整。首先，通过出台一系列的政策性文件，以立法的形式确立了进行高等职业教育办学主体，将高等职业技术院校、成人高等学校、高等专科学校纳入高等职业教育领域，形成“三教统筹”，实现了多主体办学。其次，通过“四五套办”“五年一贯制”试点进行办学模式改革，开展学制改革探索。再次，高职院校把培养目标调整为高级应用型人才，以改变办学特色、人才培养质量不能满足和符合社会要求的状况，以及通过自身转型发展高等职业教育的发展道路，促进高职院校注重办学特色以及办学质量提升。高等职业教育进入初步调整阶段。通过借鉴北美 CBE 职业能力教育模式，确定以职业岗位能力培养为本的人才培养模式，从专业设置到培养目标，从教学设计到具体的教学内容、教学手段，都逐步体现出不同于普通高等教育的高等职业教育的特色，突破了本科“压缩型”课程模式，初显高职教育的类型特色。全国教育工作会议召开和《职业教育法》颁布确立了高等职业教育在高等教育中的地位，以及高等职业教育的法律地位。

但是，随着高职教育的不断发展，传统的“学科本位”的思想观点逐渐被“能力本位”的思想观念所取代，很多高职院校为了防止把三年制的高职教育重新步入原先大学本科压缩型大专模式中去，而对必需的文化基础知识加以舍弃，对专业理论知识又尽可能压缩，导致其教学内容过于职业化，使学生缺乏继续深造的理论基础和后劲，从一个极端走到了另一个极端。

3. 突出职业教育属性、重视高等教育属性阶段（2006 年至今）

2006 年 11 月，教育部、财政部开始共同组织实施国家示范性高等职业院校建设计划，按照“地方为主、中央引导、突出重点、协调发展”的原则，在未来几年，国家专门拿出一定数额的资金，重点支持 100 所国家示范性高等职业院校，使之成为发展的模范、改革的模范、管理的模范，引领全国高等职业院校的改革和发展，带动整体质量提升，加快高等职业教育改革与发展。我国高等职业教育开始从以规模快速发展为标志的扩张式发展阶段转向以全面提高教育教学质量、注重效益的内涵发展新时期。

针对目前我国高等职业教育发展所面临的诸多问题，《关于全面提高高等职业教育教学质量的若干意见》（教高〔2006〕16 号）提出八大改革措施，主要内容为：①加强素质教育，强化职业道德，明确培养目标；②服务区域经济和社会发展，以就业为导向，加快专业改革与建设；③加大课程建设与改革的力度，增强学生的职业能力；④大力推行工学结合，突出实践能力培养，改革人才培养模式；⑤校企合作，加强实训、实习基地建设；⑥注重教师队伍的“双师”结构，改革人事分配和管理制度，加强专兼结合的专业教学团队建设；⑦加强教学评估，完善教学质量保障体系；⑧切实加强领导，规范管理，保证高等职业教育持续健康发展。上述众多政策主导中国高职教育的改革与发展方向，推动高等职业教育教学质量全面提升。

2010年9月，全国高职改革与发展工作会确定了我国新一轮高等职业教育改革与发展路径，即以“提高质量”为核心，以“合作办学、合作育人、合作就业、合作发展”为主线，深化教育教学改革，推进体制机制创新，努力建设中国特色现代高等职业教育，这次会议还明确提出，“下一步高等职业教育改革与发展的战略目标是努力建设中国特色现代高等职业教育。把立德树人作为根本任务，着力职业道德和职业精神培养，强化职业技能训练，促进学生全面发展，培养生产、建设、管理、服务第一线的高素质技能型专门人才”。这些举措都标志着我国高职教育发展重点逐步从扩展外延转向注重内涵建设，人才培养逐渐由职业能力训练转变到综合能力培养，进一步突出了高等职业教育的教育属性。自20世纪90年代以来，高职教育界在层次和类型的问题上争论已久，随着我国高职教育的快速发展，这一问题不再成为高职教育界讨论的焦点。高职教育属于高等教育当中的一种类型，已经成为高职教育界的共识。高职教育是高等教育的重要组成部分，如何在实施以能力为本位的高等职业教育过程中突出其高等性是现阶段需要解决的重要课题。

（二）高等职业教育的高等属性定位

中国高职教育的发展经历从突出高等教育属性、忽视职业教育属性到突出职业教育属性、忽视高等教育属性再到“脚踏职业教育与高等教育‘两只船’，削尖脑袋升本科”的不同阶段，反映出我国高职教育的改革与实践存在一定的盲目性，其根源在于对高职教育的逻辑起点问题“什么是高等职业教育”缺乏深刻的理解和理论的充分诠释。高校的类型及其层次决定了高校人才培养的定位。高等属性是高等职业教育的属性之一。首先，高等职业教育是高等教育的一个重要组成部分，是高中阶段教育基础之上的专业教育，是高深专门知识的教与学，它培养的人才属于高等专门人才。因此，高等职业教育必须具备与高等教育相适应的基本知识、理论和技能，掌握相应的新思想、新知识和新技术，即具备较高的综合素质，但又以较强的知识应用能力和分析、解决实际工作问题的能力区别于普通高等教育。人才层次的“高等性”是高等职业教育人才培养目标的基准。如果忽视了高等职业教育具备“高等性”的层级特征，将对高等职业教育人才培养目标的定位出现偏差，难以与中职教育、社会职业培训区别开来。

当前，高职院校在以进一步彰显职业性为突破口开展教育教学改革中，对高职教育人才培养目标的定位出现偏差，体现在：教育教学过程中重视经验层面的习得，忽视策略层面的提升；在知识的传递模式上，以“隐性到隐性”为主，更多地关注职业行动经验的习得和形成，而忽视系统化、规范化的客观知识即显性知识的构建，实现隐性知识到显性知识的转化。结果难以实现培养对象职业能力“质”的飞跃，课程内容与社会需求、个性发展相融合的程度和深度还未能真正体现出高技能人才中“高”的本意之所在。

高职教育在彰显技能型人才培养的同时，也应突出“高素质”的层级特征。高职教育一旦离开了“高”之所在，就失去了为我国走新型工业化道路、建设社会主义新农村和为国家培养创新型人才而服务的本初之意。

（三）高职教育到底“高”在何处

经过20多年的发展，中国高职教育已经完成了补偿性发展的规模扩张，如何向内涵建设方面转变是高职院校进一步发展必须要面对的挑战。“纵向与中等职业教育比，横向与普通高等教育比，高等职业教育如果不能找到独特的服务领域，凸显不了不可替代作用的话，存在的依据就会受到质疑，发展的空间就会受到挤压。”因此，在新的历史时期，高职院校应坚守自己的层次和类型，在突出职业教育属性的同时，也要突出高等教育属性。那么，高职教育到底“高”在何处？

1. 培养目标之“高”

高等教育按人才培养目标可分为三种类型：研究探索型、工程开发型和技术实施型。高等职业教育应定位在技术实施型教育的类型。部分发达国家高职教育发展的经验告诉我们，高职教育一般都起步于社会经济高速发展和产业结构调整时期。经济与产业的飞速发展促使新技术革命；高新技术为核心的新兴工业和现代管理制度的引入提高了生产力；劳动密集型、资金密集型的企业迅速向技术密集型、知识密集型的产业转变，大批劳动力向第三产业转移。上述的发展变化导致对生产、服务人才的需求与以往大不相同。自改革开放以来，我国经济社会进入了一个高速发展时期，先进技术的引进与开发，技术型的装备在生产中的普及运用，引发高职人才培养目标的调整。目前，关于高职教育人才培养目标的基本定位是培养高级应用型技术人才，并倡导以“能力本位”为核心的培养模式。但是，人们对“高级应用型技术人才”这一概念的认识和理解存在严重的行政化和“本本主义”倾向，缺少对其精神实质和具体内涵的解读和批判。结果便是突出“以就业为导向”，完成高职院校“目标责任”的同时，有意或无意地忽视了学校教育的基础责任，即立德树人。

“大学的使命就是真理的探索和人的文化养成，虽然大学也有工具价值，但工具价值是它的内在价值的衍生，只有在内在价值不断实现的基础上，那些依附于它的工具意义才能得以实现。仅仅作为工具的高等教育是没有灵魂的，它不得不将自己依附于某个主体，且精神面貌随主体意志的变化而变化，其价值在于是否适合主体需要，不需要的时候甚至可以丢弃。”因此，高职教育作为高等教育的一种类型，其本质是人的发展，如果高职教育仍然坚持走表面光鲜的外在适应道路，势必会使高职教育远离人的精神和价值，背离教育应有的意义和旨趣。

有关高职人才培养目标的界定，当前有三种提法较为常见：应用型人才、技能型人才和技术型人才。应用型人才相对学术型人才而言，覆盖了高职培养目标，但其内涵相对广泛，并不能充分体现高职人才本质特征；技能型人才的提法则过于强调技艺；技术型人才能够准确地定位高职的培养目标及其特征。技术不只是工艺和技能，也不只是物质性技术，可以理解为运用科学知识凭借可以复制的方式来解决问题。由此，我国高等职业教育的培养目标可以界定为：“使毕业生成为具有综合职业能力和全面素质，能直接从事企业生产、管理一线工作并具有继续学习能力和创新能力，能适应企业现代化生产需要的应用型、复合型的高级技术人才。”因此，高职教育在培养学生的职业能力，即突出职业性的同时，不能忽视作为职业能力重要组成部分的以职业道德、沟通交流、团队协作、责任意识、诚信品质、敬业精神等为表征的社会能力的培养，尤其是在当今社会剧烈变革的转型时期，精神的塑造既是学生全面、可持续发展的需要，更是社会的需求，这也是高职教育的应有之义。

2. 专业定位之“高”

高职教育的“高等性”体现在专业设置中的技术含量的高低。第一，有些专业的设置不完全是针对某个特定的职业岗位或岗位群的，而是根据技术领域设置的，如电子技术专业、通信技术专业、印刷技术专业等。第二，即使是针对职业岗位（群）设置专业，也要考虑其应具有较高的技术含量。技术含量较少的专业应由中等职业技术学校或由短期培训去解决，而不必放在全日制的高职院校。第三，专业设置的学科交叉性。由于在生产第一线的工作往往是综合性的，必须应用多学科的知识和多种技能才能解决，因此，高职教育在专业设置时经常要根据生产第一线要求跨学科的特点，将生产第一线工作的外在要求和学科之间的内在联系结合起来，设置复合型专业，培养复合型人才，这也是全球高等教育发展的趋势。另外，和普通高等教育不同，高职教育的专业设置不能仅为维护学科体系的完整性设置，而要根据工作过程的同一性原则针对职业岗位或岗位群来设置，尽可能多地覆盖社会职业或岗位，避免专业定位及其指向过于专门化。同时，要以市场为导向，面向区域和地方经济发展，根据职业发展和职业能力发展的需求动态调整专业设置。

高职教育的“高等性”还体现在重视培养学生的职业能力与综合素质。1999年4月，联合国教科文组织在汉城（今称首尔）召开第二届国际职业技术教育大会，会议将培养高职学生的创业能力列为高职培养目标。我国第三次全国教育工作会议提出高职教育需要加强创新教育和创业教育。创业教育是指在教育过程中培养学生的自我意识、参与意识和实干精神，使学生掌握创业技能，提高学生的发现问题、分析问题和解决问题的能力。同时，培养学生善于观察、善于捕捉机遇，进行有效创业。面对市场和新经济的挑战，学生培养目标应定位在“就业有优势、创业有能力”上，立足于培养学生爱国、敬业、爱岗和创新精神，成为知识型技能人才。其综合职业能力培养主要体现在实用性、技能性和职业性三个方面，并能注意培养学生的创新和创业精神，使高等职业技术学院的毕业生成为生产、服务和管理一线的高素质综合型人才。

3. **课程体系之“高”**

高职公共基础课改革，必须从高职教育的“高等性”出发，突出公共基础课的教育功能。高职教育作为职业教育，必须针对一定的职业范围，学生不能培养成通才。然而，作为高等教育，它必定要与职业培训和中等职业教育区别开来；作为高层次的职业教育，它既不是培养学术型或设计型人才，也不是培养高级技术工人或技师，而是培养具有综合职业能力和全面素质的、直接从事生产、服务、技术和管理第一线工作的高级技术应用型人才。因此，高职公共基础课程内容就必须在高中阶段知识的基础上进一步拓宽，注重对学生学习新知识、新技能的方法论和社会能力的熏陶，培养学生具备一定的学术能力和人文素养、良好的职业道德，以适应瞬息万变的时代和社会需求。

二、高职与普通本科、中职教育的定位差异

高等职业教育作为高等教育的组成部分，近年来得以迅猛发展并逐渐获得社会和公众的认可。高职教育要紧扣时代的脉搏，为区域社会经济的未来发展培养人才，准确定位是高职人才培养的起点。

（一）高职教育人才培养目标定位：“银领”及其内涵

2006年，教育部颁布的《关于全面提高高等职业教育教学质量的若干意见》（教高〔2006〕16号）对高职教育人才培养目标和规格进行了科学定位，明确了高等职业教育作为高等教育发展中的一种类型，即培养面向生产、建设、服务和管理第一线需要的高技能人才。“银领”正是这一人才定位的现实而具体的描述。

随着技术急速发展和广泛运用，当代职业类型和层次不断分化，人们用“金领”“白领”“银领”“蓝领”等词语来指代不同的职业类型与层次，它们是对不同的教育程度、工作性质、创造的价值和获取的报酬等综合因素的形象描述。在不同的职业层次中，“金领”一般指在某一行业有所建树的资深人士，是企业的决策者和领导者；“白领”主要是企业的管理者和产品技术设计与方案的企划和制定者；“银领”是指将设计方案、企划方案转化为产品的高级应用型、管理型和技术型人才；“蓝领”指实施生产过程和操控机器的技术操作工人。当今时代，先进制造业、现代服务业、信息产业的迅猛发展，岗位技术含量在不断增加，“白领”与“蓝领”的边际正在逐渐模糊和淡化，应运而生的“银领”阶层正成为社会急需的人才。

制造业体现着一个国家的综合国力、技术水平和现代化水平，本书以先进制造业的人才层次分工为例，来具体说明“银领”在企业的切实定位。先进制造业需要的人才，主要有三类：一是工程型人才，从事为社会谋取直接利益的科技研发、产品设计等工作，为“白领”。二是高技能人才，能够在生产一线把工程型人才的设计图纸转换成具体产品。同时又是管理整个机器系统的经理，是负责岗位群或机器系统正常运转的，更高层面上的“管用养修”的技术人员，为“银领”。三是技能型人才，主要以操作技能完成工作，为“蓝领”。

在如此形象的职业层次中，如果说本科院校培养的是“白领”，中职学校培养的是“蓝领”，那么高职院校培养的就是“银领”。银领就是介于白领与蓝领之间，是既能动脑又能动手，既具有较高知识层次又熟练掌握操作技能的人才。在企业里，“银领”既不同于“白领”从事的行政管理、设计研发工作，也不同于“蓝领”的单纯操作技能劳动，而一般指将科学、工程、设计转化为产品的技术人员。

高职教育培养的“银领”，是既有扎实的、系统的专业应用知识，又有熟练的职业技能，且具备持续发展能力的较高层次应用型人才。从这个定位出发，要区分高职教育与本科教育、中职教育的差异性，也就等于是要分析“银领”与“白领”“蓝领”之间有什么不同。

（二）“银领”与“白领”：高职教育与本科教育类型上的差异

高职教育第一姓“职”，是职业教育的领军方阵，从类型上区别于普通高等教育。普通高等教育是学科性教育，更强调学科知识的完整性和理论性，培养的是“白领”，是知识型、学术型、学科型、研究型人才。根据联合国教科文组织的文件《国际教育标准分类》（1997 年修订版）对教育的分类可以认为，普通本科教育是以知识文化教育为基础，以学科、专业为主体，以现代工程技术为补充的教育体系，培养的是开发研究型的人才，即培养适应社会主义现代化建设需要，且德智体全面发展的“面向生产、管理等第一线，获得科学研究和工程技术训练、基础扎实、知识面宽、能力强、素质高，具有创新精神和实践能力的应用型、复合型高级专门人才”。

与普通高等教育相比，高职教育更强调岗位需要，具有职业性，培养的“银领”是具有较强的动手能力和分析、解决生产一线问题能力的高技能人才，而不是学科型人才。高职人才培养强调基层性，培养技能型、应用型人才，强调为生产第一线服务，区别于普通高等教育。高职人才培养过程是依照企业的某个岗位或岗位群的职业技能和职业素质要求开发和实施人才培养方案，要求学生熟练掌握特定岗位的操作技能，以及必备的专业知识，以够用为度。正如黄炎培先生所说：“职业教育是针对取得某种社会职业资格的教育。这种教育对人才的培养与毕业生就业时的职业岗位联系很直接。”因此，教学内容对应具体的职业和特定的技术岗位，既让学生获得从事某个（类）职业或行业所需的实际技能和知识。高职教育是以技术文化教育为基础的，强调的是职业性。国家教委在《关于积极发展高等职业教育原则意见》中明确指出：“高职教育是属于在高中阶段教育基础上进行的一类专业教育，是职业教育体系中高层次，其培养目标是在生产服务第一线工作的高层次实用型人才。这类人才的主要作用是将已成熟的技术和管理规范变成现实的生产和服务，在第一线从事管理和运用工作。”

（三）“银领”与“蓝领”：高职教育与中职教育层次上的差异

高职教育第一姓“高”，是高等教育中的一种类型，这是高职教育区别于中职教育最大特点。中职教育培养的是简单操作技能型人才，是“蓝领”技术工人；而高职的目标定位于培养高级应用型、管理型和技术型人才的“银领”，要比中职教育有更深更广的专业理论、更新更高的技术水平，特别是要有更高的综合素质、创新能力与可持续发展能力。

高技能“高”在哪里？“高”在有较强的动手能力和实践能力，这是高技能人才与其他类型人才的根本区别。（1）知识结构方面：中职教育培养学生接受的知识结构是以高中阶段教育应具备的知识为主；高职教育培养学生接受的知识结构是以高等教育阶段应具备的知识为主。（2）能力结构方面：中职教育培养学生是以某一工种或某一岗位应具备的能力为主；高职教育培养学生是以某一职业群或岗位群应具备的能力为主。（3）技能等级方面：中职教育培养的技能型人才主要定位在简单技术操作工人的层面，侧重于常规操作技能的培养；高职教育要培养的高技能人才不是简单的技术操作，而是侧重于“手脑并用”，以专业关键技能为核心，并向设计、生产、管理方面拓展的一专多能、具备从生产一线的技能骨干发展为助理工程师、机器系统管理者的能力。（4）可持续发展方面：中职教育培养学生拥有“一技之长”，强调对当前岗位的适应性，转岗适应能力比较差；高职教育培养学生拥有“一专多能”适合当前和未来岗位，具有较强的可持续发展能力，转岗适应性强。

三、高职公共基础课的性质、功能与定位

一般来说，高职院校公共课内容主要包括五大部分：一是德育类课程，如思想道德修养、法律基础等；二是工具类课程，如外语、数学、写作和信息技术等；三是人文类课程，如音乐、美术、语文、历史等；四是职业类素养教育课程，如职业规划与设计等；五是身心健康类课程，如体育、心理健康教育。这几大类课程分为必修与选修两种形式。其中必修的公共基础课主要是德育类课程、工具类课程和身心健康课程，以满足学生成为德智体合格人才的需要。其他类公共课程大都采用选修课形式，设定相应的素质拓展学分，从而达到拓宽学生知识面，全面提高学生综合素质，培养和发展学生兴趣特长与潜能的目标。

（一）高职公共基础课在高职教育人才培养中的作用

职业教育在经济社会发展中的作用一直受到重视，在欧洲发达国家尤其受推崇。如德国认为职业教育是国家“经济腾飞的翅膀”“经济发展的柱石”和“民族存亡的基础”；英国则将其看作“成功教育”和“为了所有人的教育”。我国高职教育在推动国家经济社会发展方面发挥着不可替代的作用，尤其是人才培养方面。现阶段我国高职教育发展已从重视规模发展阶段进入关注提高人才培养质量、内涵建设的重要阶段。

高职公共基础课程改革是高职内涵建设的核心内容之一。其功能定位、课程设置等对于改革公共基础课的教学模式、制定科学合理的专业课程体系、创新人才培养模式、提高人才培养质量具有重要的现实意义。2009 年 7 月 7 日，时任教育部高教司司长张尧学在“高等职业教育改革与发展讲座”中提出，学生“系统的动手能力培养和系统的基础知识培养”要相辅相成。该讲话精神进一步明确了公共基础课程在人才培养中的地位和作用。同时，有研究发现用人单位对毕业生的职业道德、敬业精神、沟通能力等综合素质的重视程度要高于其职业技能技术。由此，“就业导向、能力本位”的理念导向忽视了公共基础课程对于提升高职人才

综合职业能力和素质的作用。

高等职业教育兼具“高等性”和“职业性”的双重属性，相比于普通高等教育更强调专业技术技能培养，相比于中等职业教育，更注重学生发展潜能和创新能力的培养，以培养具有综合职业能力和全面素质的、直接从事生产、服务、技术和管理第一线工作的高级技术应用型人才为目标。在教育部高职院校领导首批海外培训汇报会上，时任广东轻工职业技术学院院长的叶小明教授就提出“高等性也是高职教育的根本属性，必须从高职教育的‘高等性’出发，突出公共基础课的教育功能”的重要思想，并提出高职人才培养目标的实现取决于公共基础课程和专业课程有机融合的改革与创新，得到教育部领导的高度认可。

关于高职公共基础课程内涵的论述，目前有如下几种主要观点：有学者认为高职公共基础课程的开设是“人格完善的需要、与普通教育沟通的需要、专业课程学习的需要”，该类课程的内容改革遵循实用性、职业性和生活性基本理念；还有学者将公共基础课程等同于普通高校的通识课程（即素质教育类课程和科学与文化课程），其设置目的是让学生获得德智体美劳全面可持续发展，并形成某种专门智能结构和成才素质，为学生专业课学习、成为高素质技能型人才奠定基础，以及就业和创业做准备；此外，还有学者将高职公共基础课程看作是培养学生基本素质、学习专业知识和技能、培养终身学习能力和可持续发展能力的需要。

高职院校开展公共基础课改革，需要明晰公共基础课程定位并重视其功能。笔者认为，分析高职公共基础课程的内涵，要从以下三个方面进行考虑：第一，高等职业教育具有高等教育和职业教育的双重属性，公共基础课改革要体现对学生在未来社会生存和发展的终极关怀；第二，高职教育属于公益事业，是以培养高素质技术技能型人才为目标，不是以营利为目的培训；第三，高职教育只是每个学生终身学习的一个阶段，而不是终点。因此，高职教育培养的学生不仅仅要具有熟练的操作技能，而更应该具有较高的综合素质，具有全面发展和可持续发展的能力。

2012 年，教育部关于印发《国家教育事业发展第十二个五年规划》的通知中提到，“高等职业教育重点培养产业转型升级和企业技术创新需要的发展型、复合型和创新型的技术技能人才”，其中就特别强调技术、注重技能、关注创新、兼顾人文、综合发展等构成要素。高职公共基础课程正是承载着培养学生人文素质和科学素质、满足专业课程学习需要、提高学生全面发展和可持续发展能力的使命。这些课程主要包括“两课”、高等数学、英语、大学语文、计算机应用、体育、职业素养、就业指导等课程。通过这些课程的学习，能够加强学生的爱国热情和政治素质，提高道德判断能力、创造能力、交际能力和思维能力等。

我国著名科学家钱伟长曾经说过："我们培养的学生首先应该是一个全面发展的人，即是一个爱国者，一个辩证唯物主义者，一个有文化艺术修养的，道德品质高尚的，心灵美好的人，其次才是一个拥有学科、专业知识的人，一个未来的工程师、专门家。"可见，只有在高等职业教育中充分重视公共基础课、人文课的教育，高等职业教育才能适应社会发展的要求，才能具有广阔的发展前景。因此，高职教育只有充分明晰公共基础课程的功能定位，并重视公共基础课的教育，才能使制定的人才培养方案更加趋于科学合理，最终也才能为培养出满足社会需求，适应社会发展的合格人才创造条件。简言之，公共基础课程的设置安排是为了满足高职学生全面发展的需要。

（二）高职公共基础课改革的核心问题

公共基础课是高级技术技能型人才培养方案的重要组成部分，既承担着学生基础能力和综合素质培养的任务，又为学生的专业学习奠定基础。高职公共基础课包括思想政治教育、公共英语、高等数学、计算机基础、应用文写作等课程，不仅承担着学生基础知识、基本技能的培养任务，还承担着培养学生人文素质、科学素质、身体与心理素质并使其可持续发展的任务。它与学生职业技能的形成，就业竞争力的打造密切相关，是高职教育课程体系的重要组成部分。

如何在有限的教学时间内，使公共基础课既能满足培养高级技术技能型人才所需的基本素质与可持续发展能力，又能服务于专业技能培养，奠定专业学习基础，是目前高职公共基础课改革面临的核心问题。为此，改革公共基础课要考量三个维度：一是价值取向——工具性与人文性的平衡；二是课程体系——公共性与特殊性的统一；三是改革尺度——必需与够用原则。

高职公共基础课在人才培养中主要起奠定基础的作用，为学生专业学习、终身学习提供基础性、系统性的知识，为提高学生素质、职业能力提供必要的知识。首先，高职公共基础课为学生的专业学习和终身学习提供基础。高职教育具有"高等性"和"职业性"，重视专业教育，强调现代化的生产、管理或服务等职业技能培养。而任何一种技术能力的培养、发展和提高都是要建立在一定的文化基础之上。当前，我国高职院校所招收学生的综合文化基础相对较弱，整体素质相对薄弱，尤其需要加强公共基础课程学习。此外，随着现代产业结构和技术结构变化迅速，职业和岗位也处于不断变化之中，一个人一生只从事一项工作将不太可能，个人无法预知自己将来从事何种工作、何种职位，只掌握一门相对固定岗位的专业技能、职业知识和能力，将难以适应快速变化的就业市场。因此，坚实的专业基础与综合文化基础，是学生未来职业、创业、立业的根本前提条件。如同其他类型的教育，高职教育仅是学生终身学习的一个环节，教育、教学方式和内容必须为学生未来接受更高层次的教育和终身学习打下基础，铺设通道。公共基础课在这方面发挥着不可替代的作用。

其次，公共基础课为培养学生职业能力发展提供必要的知识体系与理论基础。高职教育具有专业性和职业性的特点，除培养学生的专业能力外，也强调培养学生的职业能力。职业能力是学生在未来岗位扮演职业角色所需的个体能力，是学生知识、理解力和技能等要素的综合有机知识体系，任何一种孤立能力将难以完成其职业活动。职业能力体现为学生社会适应、人际交往、实际操作、竞争、管理、经营、开拓创新等方面的能力。高职院校要培养学生职业能力，需要把社会人文学科的基础知识与科学理论有效结合起来，如必需的社会知识、心理学知识、法律知识等。

此外，公共基础课是提高学生素质修养、职业道德的必要基础课程，是培养高职学生“学知、学做、学会共同生活、学会发展”能力的必修基础课。2005 年 11 月，时任国务院总理温家宝在全国职业教育工作会议上强调职业教育要全面提高实施素质教育。高职公共基础课为实施以敬业和诚信为重点的职业道德教育提供必要的基础理论知识。大学阶段是学生的世界观、人生观形成的关键时期，开设公共基础课程，尤其是人文课，有助于大学生养成具有“民族观念”“大局意识”和“国家”“集体观念”等政治思想素质，以及培养他们具有“诚信、敬业、团队、勤奋”等职业道德品质。

（三）高职公共基础课改革定位

公共基础课改革的方向定位——“强化基础、服务专业”：一方面，改革传统的学科中心体系，在知识的宽度与深度中做出衡量与取舍，优化高职教育基础能力培养体系，为学生终身学习和可持续发展奠定根基；另一方面，公共基础课必须加强与后继课程的联系，针对高职教育对基础课的实际需要，服务于专业学习，奠定专业学习基础。高职的公共基础课改革在服务于高职人才培养目标的实现中，凸显出高职人才培养的特色。

基于“强化基础、服务专业”这一指导思想与改革方向，高职教育要在 3 年里完成内容涉及面广的公共基础课、基础理论课的教学，又要完成对学生实践技能的培训，这一目标任务显然相当艰巨。因此，高职基础课改革是完成高职教育目标的重要保证。公共基础课的改革坚持如下几个方向。

首先，教学内容科学定位，遵循“必需与够用”原则。高职公共基础课内容涉及广泛，难以在 3 年的教学时间里教授学生所有基础性的知识。需要在有限的时间开展有效的教育与教学，公共基础课教学内容的选择就应科学定位，对课程内容进行科学的删减与整合，尤其是“偏、难、杂”的理论知识。与本科教育不同，高等职业教育的公共基础课定位于“优化基础、服务专业”，不要求学生掌握严谨、完整的学科理论基础，学生掌握的理论知识相对较为宽泛。高职公共基础课教学内容的选择兼顾学生知识的获得与素质的培养，把握“必需、够用”的原则。“必需”通常是“指知识的讲授和学习能够满足专业和职业能力的需要”；“够用”则指“不再追求学科体系逻辑严密性，强调教学内容‘实际、实用、实践’”等特点。

其次，公共基础课以培养学生能力为教育教学的核心，即分析问题和解决问题的能力。由于高职教育的职业特殊性，公共基础课要体现“基本素质和基本工作能力的培养”，课程内容与课程体系依据高职生应具备的能力体系而构建，而非依据学科理论知识的逻辑体系。作为公共基础课，理论知识体系应立足于学生的能力培养，内容应通俗、浅显，理论推导方面的内容要适当减少；教学方面，在协助学生理解理论概念及基本理论的基础上，强化该理论知识在实际生活、生产、管理中的应用，突出知识与方法在实际工作中的应用，提高学生运用科学知识、方法解决实际问题的各种能力。

此外，教学改革是高职公共基础课改革的重点。公共基础改革需落实到教育教学过程才能实现。课堂上，发挥教师主导性、学生的主体性，营造探究协作的课堂氛围，此为实现改革的关键；方法上，教师因材施教，积极实行启发式、讨论式、参与式教学方法，从教材和学生的实际出发，有计划、有步骤地引导学生独立地进行分析和综合，与学生开展探究性的学习；手段上，在教学应用现代化教育技术、手段是提高公共基础教学水平重要环节；考核和评价方面，重点评估学生综合运用所学知识、解决实际问题的能力，促进学生个性与能力的全面发展，如独立思考、理解、分析、解决问题的能力，理论和实际相结合的能力，体现出高职公共基础课程体系的特色。

第二章　高职公共基础课改革的实然与应然

国务院于2015年1月发布了《关于加快发展现代职业教育的决定》（以下简称《决定》），这是指导新时期职业教育改革与发展的重大决策。《决定》提出了当前职业教育改革与发展的指导思想：以邓小平理论、"三个代表"重要思想、科学发展观为指导，坚持以立德树人为根本，以服务发展为宗旨，以促进就业为导向，适应技术进步和生产方式变革以及社会公共服务的需要，深化体制机制改革，统筹发挥好政府和市场的作用，加快现代职业教育体系建设，深化产教融合、校企合作，培养数以亿计的高素质劳动者和技术技能人才。其中《决定》指出："全面实施素质教育，科学合理设置课程，将职业道德、人文素养教育贯穿培养全过程。"因此，提高人才素质与质量以适应和服务现代经济快速发展是我国高职教育的重要任务之一，高职公共基础课具有责无旁贷的重要作用。

目前我国高职的课堂教学主要分为三大类，一是公共课，二是专业基础课，三是专业课。均占高职课程学时的1/3左右。而公共课承担着培养学生基础素质的任务。如何用好这1/3学时，设置适应社会需求和学生成长需要的课程，提高课程教学的效率，一直是高职教育改革的重要课题。在明确高等职业教育的基本属性和特点之后，需要对高职公共课的发展过程、当前公共课教学过程存在的问题和新形势下公共课教学改革的应然趋势进行一些讨论和分析。

一、高职公共课改革的背景

（一）高职公共基础课现状与问题

虽然各所高职院校对于公共课都较为重视，而且也取得了一定的教学效果。然而在课程设置、教学方法、教学目标、教学内容、教学效果方面还存在诸多急需解决的问题，其毕业生往往存在人文素质较为缺乏和综合素养普遍不高的现象。由于我国高职公共基础课长期沿袭普通高等教育的学科性课程模式，注重学科知识的完整性和理论性，但脱离了高职教育"职业性"的本质属性要求，不能发挥其应有的功能。总的来看，高职公共课教学仍然存在以下几个问题。

1. 公共基础课教学目标定位不清

近几年来，不少高职院校和专家学者都在积极探讨实践高职公共基础课的改革问题，但由于对公共基础课作用、功能和定位的认识不清，许多学校陷入了高职公共基础课改革的误区。一是“天花板倾向”，过分强调课程作用，将公共基础课简单地与高等教育、素质教育画等号，提倡增加基础课程的分量。二是“地板倾向”，认为公共基础课程可有可无，学校应把更多时间用到学生的专业训练上。

从高职院校人才培养目的的角度来说，综观近年来国内高职院校素质教育改革的发展情况，不难发现，随着高等教育的不断普及与市场竞争的日益激烈，高职院校以市场为导向，围绕大学生就业而展开的教学改革也在如火如茶地进行着。因此，高职院校加大资金、师资在专业课教学中的投入力度，更加注重大学生在某一专业领域实践能力和专业素养的培养。在这种情况下，作为大学生综合素养能力培养的公共课却日益呈现出边缘化的趋势，这是高职院校过于偏重学生专业能力培养所带来的问题之一。高职学生本来就存在人文素养较差的现象，而这种教学理念则更加恶化了学生的素养结构缺陷。

目前对于高职公共基础课程的主要观点有两种：一是强调公共基础学科本身具有严密的系统性与逻辑性，应该单独成体系，选择教学内容和学时。持这种观点的院校一般开设的公共基础课程门类多，学时安排也多。二是认为公共基础课程占用学时多，对培养学生的专业技能和就业作用不大，应当根据“有用、够用、实用”的原则，彻底打破其学科体系，根据专业课程的需要以及职业领域与职业岗位工作过程的需求选用其内容，以利于有更多的时间和精力培养专业技能，也就是把公共基础课程定位在为专业课程服务，并试图依据专业课程的需要来改造公共基础课程，持这种观点的院校往往对公共课程进行解构，按照专业课程的实际需要进行重组，但是在实施教学的过程中存在教学资源不足、学时难以分配等问题。

2. 课程设置不合理，建立在相对狭隘的知识基础观之上

传统的学科教育注重向学生提供系统的知识基础知识的传授和学习是学科教育的主要内容，按照学科体系设计和组织教学已经成为人们对高等教育的定式思维，在这种思维惯性下，高职公共基础课程越来越多，并强调基础理论的系统性和完整性，严重脱离专业实际和学生的实际需求，公共基础课与专业课如两条平行线，各自发展，各种课程之间各自为政，无法形成协调效益。

从高职院校公共课程教学的现状来说，这些课程的设置以“必需与够用”的原则为主，直接或者间接地为专业课服务。然而，由于长期形成的教学习惯以及在教学管理、硬件设备方面存在的不足，各公共课程之间以及公共课与专业课之间往往很难进行协调搭配，教师各教各的课程，互不交叉，从而人为地把学科间的知识体系和相互联系分离。这种现象一方面造成学生所学知识处于孤立状态，不能有效融合，更不能应用到专业课之中；另一方面，由于高职院校管理工作者看不到公共课的教学效果，干脆不开。因此，这不仅影响到学生专业知识的学习，更影响到其综合素养的培养。

高职教育是以能力为本位的，培养的是高级技术应用型人才，不同于以学科为中心、培养研究型设计型人才的普通高等教育。随着高职教育的不断发展，传统的“学科本位”的思想观点逐渐被“能力本位”的思想观念所取代，很多高职院校为了防止三年制的高职教育重蹈原先大学本科压缩性大专模式的覆辙，而对必需的文化基础知识加以舍弃，对专业理论知识又尽可能压缩，导致其教学内容过于职业化，使学生缺乏继续深造的理论基础和后劲，从一个极端走到了另一个极端，造成教学效果不明显。

高职院校开设公共基础课的主要目的是提升学生的综合素质，为学生的后续发展服务，而许多家长和学生之所以选择高职院校，主要是因为大多高职生文化基础课的功底比较薄弱，期望通过在高职学院实践性的较强的专业课程学习，提升职业能力，为学生在毕业后找到一条好的出路。然而，由于几乎所有高职院校第一学期或第一学年开设的基本都是公共基础课，而大多数学生是这些课程学习的失败者，本身就存在为难和抵触情绪，而这些课程本身的教学目标与学生的需求和兴趣不一致，从而导致学生的学习积极性不高，教学效果不明显。

3．公共基础课程内容缺乏与专业的密切联系

传统公共基础课程对所有专业均采用统一的教学计划、大纲、内容和教材，没有考虑专业的关联度和学生入学前后的课程衔接问题，缺乏专业特色，课程内容重复，浪费教学资源。例如，在公共基础课程改革前，广东轻工职业技术学院各专业均开设了“计算机应用基础”相关课程，但全院统一教材和教学内容，忽略了专业差异性，不同课程之间的内容衔接不够紧密，同时学生的计算机应用水平差别较大，零起点教学不能做到因材施教，而计算机专业授课教师，难以深入了解不同行业、专业的计算机应用要求区别，教学内容针对性不强。

当前，与其他的专业课一样，公共课程的教学内容也存在严重的内容陈旧、空洞、乏味的现象。所使用教材的观念落后，思想老套，严重跟不上时代发展的需要，特别是在思想政治类公共课中，像“毛泽东思想概论”“邓小平理论”等课程在高中时已经学过，现在又继续学，造成“学生厌学、教师厌教”的严重后果。另外，当前很多公共课程起点存在严重错位现象，往往忽视学生的知识背景，缺乏实感，过于抽象，一开始就是定义、特征、原则、分类的开头，这必然造成学生理解困难，动机缺乏，而且老套、死板的教学模式，也会导致学生缺乏新鲜感，学习态度消极被动，这都对学习效果带来直接负面的影响。

4．公共基础课教师将面临新的挑战

相当多的教师面对探索以“必需、够用”为原则的高职公共基础课程改革往往是心有余而力不足。“必需、够用”的原则要求教师认真思考高职基础教育与学生就业的关系，解决基础知识与学生专业能力接轨的问题，这需要教师具有一定的相关专业知识和能力基础，了解专业对公共基础课的要求，才能提高基础课服务专业技术教育的水平，这无疑对公共基础课教师提出了更高的要求。2009—2013年，湖南高职“双师型”教师数量年均增长5.84%，来自企业一线兼职的能工巧匠年均增长24.28%，来自企业的兼职专家年均增长22.29%。从2014年开始，湖南打造了另一把“尺子”——毕业设计抽查，其对象是高职毕业生，每校按3%左右的比例随机抽查，抽查总人数不少于30名。这对高职师生来说，是另一把“悬顶之剑”。相比此前不少职业院校采用的考察毕业论文的方式，毕业设计抽查制度的一大变化是对选题范围增加了要求，即贴近生产实际、生活实际，最好是源于真实生产或工程实际的项目，可以解决生产实际问题。湖南省教育厅设计这项制度的目的是考量学生综合素质和创新能力。

公共课程任课教师的专业素养和培养理念有待提升。如前所述，公共课程在高职教育过程中担负着为专业课服务、为提升学生综合素质服务的重要任务。这就要求公共课教师不仅具有丰富的公共课理论知识、相关的专业课知识、扎实的教育教学实践经验，能够根据学生的爱好和心理进行课程内容的安排，还必须对公共课程的教学任务有一个明确的了解，提升对其重要性的认识。然而，当前高职院校各个院系公共课程教师大都来源于其他兄弟院校，甚至是由兼职教师、辅导员来填补，他们缺乏基础教育所必需的双师素质和开展技能训练的示范操作能力，不了解学生的专业背景，很难做到与专业教学紧密结合，因此始终走不出重理论传授、轻实际能力培养的困境。另外，在教学理念方面，往往也是以简单的基础知识的传播为主，课程管理和考核粗放松散，这不仅影响教学质量，而且也极大地削弱了学生的学习兴趣，弱化了对公共课程重要性的认识。

上述现象的出现，原因是多方面的。根据研究发现，其主要原因有以下几点。

一是社会大环境的影响。自1998年以来高职教育规模迅速扩张，市场经济的市场性和功利性的负面影响，导致一些学校为了迎合就业市场的需要，力求使学校的运行贴近经济和社会，在教学中，重术轻学、重应用轻理论的情况一直比较普遍，使得公共课教学的开展往往困难重重。加上大学生就业难的客观环境，各高职院校在人才培养方案中仍然偏重强调学生的专业岗位技能的培养。体现在课程的开发上，就是随意降低公共课程的基本教学要求，减少开设公共课程的科目与课时数；体现在课程构建和课程教学研究上，就是忽视对公共课程的建设和教学研究。

二是学校管理的影响。学校内部分配制度与教师课时直接挂钩，而教学计划的安排和课程的设置主要是由专业系决定的，导致一些院（系）实行内部保护，如尽可能地增加专业课学时，挤压公共课科目及课时。严重影响了公共课教师教学改革的积极性。学校还长期存在轻科研、重教学的现象，在教师职称评定、工资调整时，均以教师发表科研论文的数量与质量为依据，忽视教学质量，其结果自然也导致公共课教师不能安心课堂教学对教学改革。

三是学生本身的影响。沉重的就业压力从高考填报志愿起就开始影响学生的专业课程学习选择。学生为寻找所期望的职位，争先恐后地修习一些在现阶段直接有用的热门专业或课程，而教师为了迎合学生的需求，增加学生选修人数，片面地以学生兴趣为导向，加之不少学生对公共课缺乏兴趣，课程选择更强调实用性、工具性，这就必然导致课程开设过于功利。

因此，公共基础课程的改革应走向何方，如何推进职教与普教、公共基础课与专业课等的融合互通已成为当今职业教育发展过程中的一个难题和国内高职院校课程改革与发展的难点和热点。

（二）高职公共基础课改革历程

公共课教学改革是高职教育内涵发展的核心内容之一，回顾改革开放以来高职公共课教学的发展，大致上可以分为以下几个阶段。

第一阶段是从 1980—2004 年的起步阶段。这一阶段的高职教育整体上是模仿和参照普通本科教育体系，体现为高职教育人才培养目标体系、课程体系都与本科教育雷同，被称是本科教育的压缩版（教学内容的压缩、时间的压缩），其中公共基础课程与本科通识教育课内容的相似度尤其突出。这一时期的高职公共基础课教学多以学科理论知识传授为主，课时约占总课时的 2/5。

第二阶段是从 2004—2009 年的完善与改革阶段。这一阶段是高职公共教育的发展的关键时期，也是高职公共基础课改革的百花齐放阶段。其一，2004 年教育部启动高职高专院校人才培养工作水平评估工作，将提高人才培养质量列为高职教育的重要发展的内容；其二，2005 年国务院发布的《关于大力发展职业教育的决定》及 2006 年教育部发布的《关于全面提高高等职业教育教学质量的若干意见》均提出并大力推进了“工学结合、校企合作的培养模式”，高职院校掀起了一股以校企合作、工学结合为重点的人才培养模式改革热潮。在“职业教育就是就业教育”这一理念下，高职公共基础课开设的必要性受到质疑，为加大专业课和实践教学，很多高职院校甚至实行了“砍课程、减学时”的极端做法。在此背景下，高职公共基础课改革进程缓慢并成为高职教育难题。其三，2006 年启动全国示范性高职院校建设项目。在该项目的推动下，全国有近 100 所高职院校在院校管理和专业建设上取得了突破发展。在这一时期，很多高职院校都进一步明确了公共课教学和素质教育的重要性，提出要以人为本。素质教育是培育与提升人的各方面基础性品质的教育，是为专业学习和专业工作奠定基础的教育，也是为终身发展提供必要保证的教育。素质教育具有基础性、整体性、层次性和可持续性的特点。虽然各自专业的人才培养侧重点不同，但总的要求是一致的。由于高职教育公共课的课时有限，需要保证和增加的内容较多，在公共基础课程的设置、学时安排及教学方法等所采取的做法上又有所不同。如有的院校强调学生人文素养的培养，仅在原有的基础上强化公共基础课程，以保证基础课程的系统性和完整性；有部分院校则关注学生专业能力和实践能力的培养，加大专业学习的力度和增加实践课时，而大幅压缩公共基础课学时和内容，甚至把部分公共基础课渗透到专业课程学习中；也有院校为保证学生专业学习及后续发展的需要，根据专业学习的需要选择公共基础课程教学内容，并将其划分为模块开展教学。

第三阶段是从 2009 年到现在的深化改革阶段。经历了轰轰烈烈的建设，许多示范院校从用人单位反馈回来的信息发现学生的职业道德、敬业精神、沟通能力等要素的重要程度要远远高于职业技能，从而认识到过分强调就业导向、能力本位，而忽视了公共基础课程对于提升高职人才综合职业能力和素质的作用。因此，许多院校开始逐渐加强公共基础课程教学。但是，在课程改革中仍然存在许多值得商榷的问题。比如：“大学语文”是一门兼传承祖国传统文化和语言文字教育功能于一体的重要的母语高级课程。但是许多高职院校课程体系中并没有这门课程，或者有些高职院校把大学语文改成“演讲与口才”“职业汉语”等有意偏重技能课程的形态的其他课程。类似这种仅强调功用的改革模式不仅使我国的传统文化在传承中支离破碎，而且最终必然导致学生发展的不全面和发展后劲的不足。

高职公共基础课在高职人才培养中起着重要的作用，为培养学生普适性能力和综合素质提供必要的知识基础，与专业课互相渗透和支撑，共同作用于培养高素质技能型人才这一育人目标。以英语、数学、计算机为核心的高职主要公共基础课程在高职教育人才培养中具有特殊的地位，承担着培养学生基础素质的任务。然而，从实际情况看，高职公共基础课教学改革的严重滞后导致了公共基础课程脱离专业实际和学生需求，教学效果低下，进而影响了人才培养的质量。面对高速发展的产业技术要求，如何在有限的教学时间内，使人才培养质量既满足高职毕业生岗位技能要求，又具备基本理论基础及职业可持续发展能力，构建适应社会需求和学生成长需要的公共基础课程，是目前高职教育面临的紧迫问题。

综观世界职业教育课程改革的演变过程，课程目标逐渐从原先单一的技能型向以综合职业能力为核心的多元整合型发展，呈现出“学科本位—能力本位—人格本位”的发展总趋势。随着“终身学习”“可持续发展”等观念的提出和深入人心，人的全面发展与素质提升已逐步成为职业教育课程设置的新的着眼点。全面提高学生的综合素质，完善其个人品格，培养成功的劳动者与创业者便成为21世纪一些发达国家和地区职业教育课程开发的总体目标。高职公共基础课程的改革应注重对高等教育现代化的发展规律、高职教育育人规律、人的发展规律以及课程与教学规律的遵循，明确“以就业为导向，服务为宗旨”的高职教育方向，以及“必需、够用”的课程改革维度，进一步重新定位公共基础课课程标准和改革目标。

随着我国经济的快速发展，对于综合型技术人才的需求量也急剧增加。然而，我国高职院校公共课程教育在人才培养目标的设置、教学内容的选择、教师素养以及日常管理方面都存在一系列亟待改进的问题。针对这些问题，必须要以培养学生的综合素质为目标，构建高效节时的公共基础课程内容体系，强化公共课管理部门与教师之间的互动，加强公共课程体系中的思想政治课程建设，才能保证我国高职院校公共课程教学的高效、健康发展，为综合型人才的培养提供有力保障。

二、高职公共基础课的价值定位

（一）工具性与人文性的平衡

从公共基础课的功能性来看，其应当为专业课提供必要的帮助，应该有助于工作技能的形成，体现了一定的功利色彩；但公共基础课不仅仅具有工具性，还具有人文性，对于学生基本素质的养成发挥着不可替代的作用。从人文性的要求来讲，一要体现人文素质的要求，二要体现发展性的要求，而不同的学生对自身发展可能有不同的要求，在最低标准的基础上，它应满足学生多样化的发展要求。

工具性和人文性的平衡是公共基础课改革必须面对的问题。一方面，以“必需、够用”为原则进行高职公共基础课改革已经成为共识，以“必需、够用”的维度来衡量公共基础课改革的尺度：一是以后继课程是否“必需、够用”来衡量，二是以本课程教学是否“必需、够用”来衡量，三是以培养人才是否“必需、够用”来衡量。如果说，“必需、够用”原则体现了公共基础课的工具性价值取向，那么，仅遵照这一原则是有失偏颇的，因为公共基础课还具有人文性价值。因此，另一方面，公共基础课担负人文素质教育的任务，着力于学生综合素质和基础能力培养，在高技能人才培养过程中不可或缺也不可任意削减。如何在工具性和人文性价值取向中取得平衡，其根本途径则是在于提高公共基础课的课程质量，必须逐步摆脱传统的学科逻辑体系和学科界限，根据高技能人才培养需要将知识单元、知识点进行重组与整合，重构公共基础课程内容体系和教学体系，全面提升公共基础课教学效能。

（二）公共性与特殊性的统一

公共基础课程具有公共性但其培养目标将随着专业的设置而分化，所以产生了特殊性的要求。这种特殊性要求，首先反映在不同的专业对公共基础课有不同的要求。如机电类对数学的要求较高，而国际贸易专业对英语的要求就较高，这就产生了公共性以外的特殊性的要求。其次反映在个人的发展要求各异。不同的学生由于个人兴趣、爱好、特长不一样，在不同的学科领域对自己也有不同的希望和要求，公共基础课要满足这种学生的特殊发展要求。如何恰如其分地满足或兼顾到这样一种公共性和特殊性的要求，是公共基础课程改革的一个难点。

教育部高教司原司长张尧学强调，高职教学改革应该强化“两个系统”的课程体系设计与实施，即系统的动手能力培养和系统的基础知识培养。其中系统的基础知识培养，必须要进行课程改革，应根据不同专业发展需求，分别精心设计基础课程，解决好教什么、怎么教的问题，为学生未来发展打好基础。因此，高职公共基础课既要突出基础性、公共性，又要具有自成体系的特征。

（三）强化基础与服务专业的兼顾

高职院校以培养高级技术应用型人才为主要任务，相比于普通高校更强调专业技术与应用能力培养，相比于中等职业技术学校更强调知识与技术的复合性，更注重发展潜能和创新能力的培养。高职公共基础课是高级技术应用型人才培养方案的重要组成部分，一方面承担着基础能力和综合素质培养任务，另一方面为专业学习奠定基础。因此，如何在有限的教学时间内，使公共基础课既能培养高技能人才所需的基本素质与可持续发展能力，又能服务于专业学习以奠定专业学习基础，是目前高职公共基础课改革面临的核心问题。

为此，高职公共基础课应明确改革维度——“强化基础、服务专业”：一方面，改革传统的学科中心体系，在知识的宽度与深度中做出衡量与取舍，强化基础能力培养，为学生终身学习和可持续发展奠定根基；另一方面，公共基础课必须加强与后继课程的联系，针对专业教育对基础课的实际需要，服务于专业学习奠定专业学习基础。

三、高职公共基础课的应然趋势

我国人口红利正在逐渐消失，占高等教育半壁江山的高职教育已成为我国培养高素质劳动者的主要渠道。因此，无论是从学生可持续发展的需要，还是从我国人力资源的充分开发和利用来看，构建高职院校通识教育体系已经刻不容缓。高职公共课教育改革有以下几条突围的路径。

（一）从公共基础课程的本质出发，突出基础性和工具性

公共基础课程对于学生基本素质的养成发挥着不可替代的作用，人力资源和社会保障部已初步确定了我国核心技能体系框架，将交流表达、数字运算、革新创新、自我提高、与人合作、解决问题、信息处理和外语应用作为核心技能的8个重要模块。在这些核心技能中，大部分都与公共基础教学密切相关。虽然不同类型的人才有不同的培养模式和方向，但只要把学生作为生命的个体，和谐发展的教学目标就不应该被忽视。特别是短视的功利主义思想仍在职业教育中占重要地位的今天，更要提倡“以人为本”、强调人才的可持续性发展。

因此，高职教育应该加强公共基础课程的基础性和工具性，对理工类学生注意加强人文社会科学类课程的安排，对文科类学生注意加强科学技术类课程的安排，为学生构建一定的科学和人文基础。

（二）从高职教育的“高等性”出发，突出公共基础课的教育功能

高职教育作为职业教育，必须针对一定的职业范围，学生不能培养成通才。然而，作为高等教育，它必定要与职业培训和中等职业教育区别开来，作为高层次的职业教育，它既不是培养学术型、设计型人才，也不是培养高级技术工人或技师，而是培养具有综合职业能力和全面素质的，直接从事生产、服务、技术和管理第一线工作的高级技术型应用型人才，因此，高职公共基础课程内容就必须在已有高中阶段知识的基础上进一步拓宽，注重对学生学习新知识、新技能的方法训练和社会适应能力的熏陶，培养学生具备一定的学术能力和人文素养，以适应瞬息万变的时代和社会需求。

众所周知，思想政治学习对学生的健康成长起着至关重要的作用。然而，在当前的教学体系中，思想政治教育并没有得到教师和学生的足够重视，往往作为一门可有可无的学习课程。《中共中央、国务院关于进一步加强和改进大学生思想政治教育的意见》中明确提出："当代大学生的主流思想是积极、健康、向上的，但也不同程度地存在政治信仰迷茫、价值扭曲、社会责任淡漠、诚信意识匮乏等现象，加强高校学生思想政治建设任重而道远。"因此，我们要充分认识到学生思想政治建设的重要性，强化其在公共课程中的重要地位。面对当前急剧变化的社会环境，我们不仅要提高公共课程在学生综合素养培养中重要性的认识，更要注重其与学生专业课学习之间的关系，努力寻找一条符合高职教育规律、为学生全面发展服务的成功之路。

（三）从各专业的人才培养目标出发，突出专业关联度

公共基础课程应该结合各专业的人才培养目标，与专业课程共同构成系统的知识体系，突出专业关联度。因此，不同专业的公共基础课内容应该存在一定的专业差异性，原有的全校性的公共基础课程应逐步取消，转而结合各种专业的需要以各种形式融入各专业的专业基础课或专业课程中去。如大部分高职学生在中学阶段就已经打下了英语的基础，因此可以考虑取消"大学英语"基础课程，开设与专业相关的英语课程如"旅游英语""商务英语"等，避免教学资源的浪费。

（四）深化教学改革，突出实用性和先进性

高职教育公共基础课教学改革的核心是优化与构建教学内容和课程体系。借鉴美国社区学院以职业能力为本位，重视综合素质的养成的职业教育特点和理念以及专业教育与通识教育结合的模式，笔者认为，首先公共基础课在教学中要大胆删去"偏、难、杂"的理论知识，保留必需的基础知识。同时要充分体现实用性和先进性，及时纳入新的实用技术和内容，贴近学生的专业和职业就业需要，通过相关专业案例教学，结合基础理论精心设计教学情景，突出培养学生的自主学习能力和解决问题的能力；另外，可以通过开发跨学科及文理渗透的选修综合课程培养学生的综合素质，拓宽学生知识面，提高社会适应能力。

（五）加强对公共基础课教师的培训，突出专业适应性

公共基础课的改革要求教师具备相关的专业知识、技能以及提高专业技术教育的水平。而目前我国高职院校公共基础课的教师虽然大部分具有一定的教育教学专业训练基础，擅长知识的传授，但是由于缺少与高职教育相关专业的知识和

能力的训练，难以适应以就业为导向的高职教育。特别是根据公共基础课程的改革发展趋势，一些原来从事公共基础教学的教师将被分散到各院（系）去讲授基础课与相关专业课相融合的课程，这就涉及基础课教师与专业课教师如何合作的问题，由于职业方向的不同，他们可能不熟悉与专业有关的技术与学术要求和标准，因此基础课教师需要接受培训，了解该专业的实际情况、教材的编写以及如何与专业课教师合作的问题。

第三章 高职公共基础课的改革思路与体系重构

广东轻工职业技术学院以高等职业教育中的思想政治教育、公共英语、计算机应用基础、高等数学、应用文写作等公共基础课为改革对象，以优化公共基础能力培养和促进后续专业学习为目标，将基础能力培养和专业应用要求相结合，构建并实施了“职业普适—专业融合—素质拓展”模块化递进式高职公共基础课教学系统。改革优化了文化素养和普适性基础能力培养，又与后续专业课的衔接，并通过拓展课程、第二课堂等途径拓展综合素质，对高职公共基础课进行全面改革优化。

一、高职公共基础课改革思路

（一）围绕人才培养目标

公共基础课不仅要为高职学生的专业学习奠定基础，更重要的是教授学生基础知识、培养他们的综合能力。从这层意义上，公共基础课绝不应沦为专业的附庸，而必须有其自身的价值与逻辑体系。各门基础课应围绕高职教育人才目标，改革传统的学科知识中心教学体系，拓宽基础，培养生产一线的应用型人才所应具有的基础能力，如生活工作中的语言沟通能力、逻辑思辨能力、计算机应用能力、知识可迁移能力等。

（二）强化基础，服务专业

作为高职课程体系的重要部分，基础课与专业课共同作用培养专业人才，这要求基础课的教学内容能够满足专业人才对基础能力的不同需要，如旅游专业更需要提高口语表达与沟通能力，机电专业则更需要看懂操作流程或撰写产品说明等。因此，公共基础课教师应认真思考各专业学生的能力需要，加强与专业的融合。这种融合不是简单意义的结合，而是从高职专业人才培养的角度高度思考，避免盲目胡乱的结合、为结合而结合。

（三）创新公共基础课程体系

高职公共基础课要自成体系，首先，必须考虑专业教学和专业人才培养需要，创新课程目标，即以“必需”为原则解决教什么的问题，从以学科知识为导向转向以就业为导向，既教知识又教技能。其次，创新课程标准，即以“够用”为原则解决教学要求的问题。由于建立理论的逻辑体系和学习知识的逻辑体系不是同一个概念，知识的深度必须从专业教学的要求出发，以“够用”为度。因此，需要根据各专业所必需的公共基础知识，在公共基础课自身的学科体系中解构课程内容，重新制定课程标准，形成面向专业需要的课程标准体系。再次，创新课程机制。高职院校课程机制主要建立在服务专业建设的机制上，应努力建立开放合作创新的课程机制，加强与专业教师的合作，深入专业了解情况，结合专业实例进行教学，形成人才培养的课程特色。例如，在讲导数概念时，在经管类专业介绍产品总产量对时间的导数就是总产量的变化率；在机电类专业可介绍质量非均匀分布的细杆的线密度、变速圆周运动的角速度、非恒定电流的电流强度等变化率问题。

二、递进式高职公共基础课程体系构建

基于以上改革维度的考量，广东轻工职业技术学院公共基础课改革经过多年的理论与实践探索，以高等职业教育中的思想政治教育、公共英语、计算机应用基础、高等数学、应用文写作等公共基础课为改革对象，在国内率先探索并成功实践“职业普适—专业融合—素质拓展”模块化递进型高职公共基础课教学体系，在教学内容、模式、方法等方面实现了全面革新，显著提升了公共基础课教学效能，明显促进学生的后续专业课学习，大力提升了高技能人才培养质量。

（一）“职业普适—专业融合—素质拓展”课程体系结构

按照人的学习规律和不同专业大类对公共基础课的不同需求，将公共基础课分为职业普适、专业融合、素质拓展三大阶段和模块。这种模块化递进型的高职公共基础课程体系具有三个特点：一是课程开设的系统性，二是与专业教育的衔接性，三是因材施教与循序渐进性。递进式高职公共基础课程体系包括职业普适性课程、专业融合性课程和素质拓展性课程。

其中，职业普适性课程是为所有专业学生开始的公共必修课，属共性教学内容，主要侧重于文化素养和普适性基础能力培养。学校全面开设了思想政治教育、

公共英语、计算机应用基础等模块课程。

专业融合性课程通过考虑公共基础课与后续专业课学习的衔接，按专业类别分为机电、轻化、经管、艺术四大类，根据专业学习需要和实际应用案例组织教学内容“模块”，为各专业大类学生必修。如高等数学在机电等专业中开设“工程数学”，在计算机类专业中开设“计算机数学基础”，在经管类专业中开设“经济数学”；计算机应用基础对艺术类专业开设“图形图像处理”“CAD”等动画技术方面的课程，面向经管类专业开设“网页设计”等电子商务、管理信息系统方面的课程等。

素质拓展性课程是以创新能力培养和素质拓展为目标，开设素质拓展选修课，并以第二课堂、校园活动、各级竞赛等途径拓展学生素质。各公共基础课科目均开设了旨在拓展与提升学生素养的选修课，如高等数学开设数学建模、数学文化和数学实验等方面的选修课；公共英语开设了“高级英语”选修课程，以及“经贸英语”“工业英语”“食品英语”“管理英语”等行业英语选修课程；计算机应用开设了面向全校所有学生选修的“计算机组装与维护实训”课程，全部由学生动手完成计算机的硬件组装、软件安装、系统维护，旨在培养学生解决实际问题的动手能力；应用文写作开设“经济应用文”“科技应用文”“法律应用文”“旅游应用文”等选修课程，同时依托“写作爱好者协会”组织写作比赛、语言文字大赛等活动。

（二）“职业普适—专业融合—素质拓展”课程体系案例

以计算机、公共英语、数学为例，分别构建了“基础英语 + 职场通用英语 + 行业英语”公共英语课程体系、“计算机应用基础 + 专业应用工具 + 计算机技术基础 + 专业应用系统”计算机基础课程体系、“基础模块 + 应用模块 + 提高模块”高等数学课程体系。

1. 公共英语：“基础英语 + 职场通用英语 + 行业英语”课程体系

公共英语“基础英语 + 职场通用英语 + 行业英语”课程体系将高职公共英语课程分为基础英语阶段、职业英语阶段、行业英语和高级英语阶段三个阶段。在具体操作上，基础英语为必修课，在第 1 学期开设，采用分级教学，目的在于为不同程度的学生打下坚实的英语基础；职业英语是面向全体学生的必修课，与企业、行业所需的通用基本英语技能密切相关，在第 2 学期和第 3 学期开设，以促使学生达到各职业岗位对英语技能的基本要求；行业英语阶段则分为行业英语选修课程和高级英语选修课程，在第 4 学期和第 5 学期开设，学生可根据兴趣和爱好至少选修 1 门课程，以进一步提高自己的英语水平。该课程体系以职业岗位英语技能培养为主线，融合了个人职业能力发展需要与英语学习（见图3－1）。

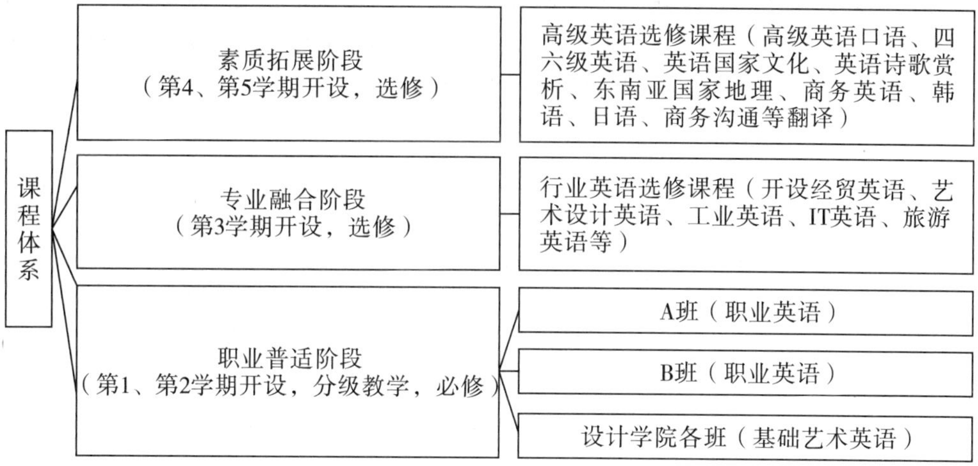

图3－1　广东轻工职业技术学院公共英语课程体系

2. 计算机基础："计算机应用基础＋专业应用工具＋计算机技术基础＋专业应用系统"课程体系

针对非计算机专业的学生，广东轻工职业技术学院计算机基础课程新体系将现有专业分为四个大类，即机电类（机电、汽车、电子）、轻化类（轻化、食品）、经管类（经济、管理、旅游、外语）、艺术类（艺术设计学院），并建立了非计算机专业的"计算机应用基础＋专业应用工具＋计算机技术基础＋专业应用系统"课程新体系。例如，机电类专业的专业应用工具包含了CAD和Protel电子绘图，同时还需学习程序设计语言、微机原理与接口技术和计算机网络技术，进而开始数控编程、组态软件、单片机原理与应用等专业应用技术。

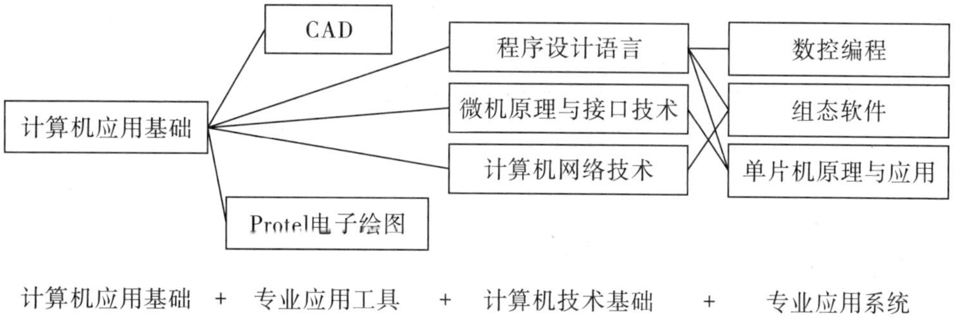

图3－2　广东轻工职业技术学院机电类专业计算机应用课程体系

3. **高等数学："基础模块＋应用模块＋提高模块"课程体系**

根据高等数学的独特属性及其对人智力发展的重要性，广东轻院针对传统高等数学课程与教学的弊端，遵循"从专业中来，到专业中去"的基本原则，创建了"基础模块＋应用模块＋提高模块"的课程体系。

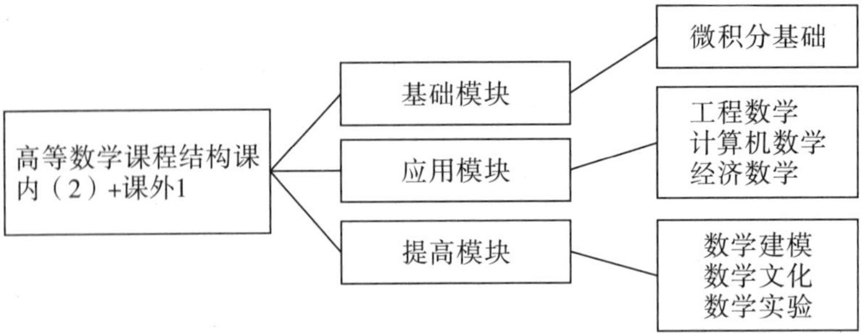

图3－3　广东轻工职业技术学院高等数学课程体系

其中，"基础模块"是主体，是各专业学生的公共必修课，第1学期开设，60学时，目的在于使学生掌握工程技术中常用的数学工具和基本数学思想；"应用模块"则注重通过数学模型解决实际问题，让学生感受"数学在我身边"，第2学期开设，40～60学时；"提高模块"是为学生所学专业对数学课程有特殊要求或准备继续深造的学生设置的选修课，第2学期开设，30～40学时。

由此可见，广东轻院主要公共基础课程改革具有三个基本特点。一是学习时间的连贯性，保证了学生在校三年充分的公共基础课学习时间，为他们练就未来职业岗位所需的技能提供了现实基础。二是课程教学与专业技能的融合性。例如，新公共英语课程体系既注重英语语言基础能力的培养和训练，又注重各专业人才培养目标的实际需求，将公共英语教学与职业、行业知识有机结合，使得各专业既有通适性的职场英语学习内容，又有针对不同行业、不同专业的模块技能英语及专业英语学习的内容，有利于促进学生英语技能的持续提高和就业。三是因材施教与循序渐进性。新公共基础课程改革充分考虑到学生入学时参差不齐的水平、专业技能需求以及学生兴趣和较高发展需求，课程安排及其教学循序渐进地满足了学生的学习需求，集中体现了人的智力发展规律和教育规律。

三、高职公共基础课改革内容

（一）开发基于课程标准的多元高职公共基础课教学资源库

职业应用能力和可持续发展能力培养是高职公共基础课的目标，为实现模块化递进型课程体系的目标，广东轻院根据各专业所必需的公共基础知识，在公共基础课自身的学科体系中解构课程内容，开发了适用于不同专业大类的公共基础课程标准，形成了面向专业需要的课程标准体系。

学校重构高职公共基础课知识体系，把专业应用要求与基础能力培养相结合，将专业应用案例融入课程教学内容，开发了高职特色鲜明的公共基础课教材共21部。其中，结合专业学习要求，出版了与各专业大类要求相适应的公共基础课教材共6部，如《当代应用文写作》（经管服务类）、《当代应用文写作》（工程技术类）、《当代应用文写作》（电子传媒类）、《应用数学》（经管类）、《应用数学》（理工类）、《经济数学》等。

与此同时，学校创建了包括课程标准、教材、课件、软件等内容的公共基础课网络学习与互动平台，课程教学初步实现网上答疑及学习者自主学习等需要，并为师生、企业和社会学习者提供资源检索、信息查询、资料下载、教学指导、学习咨询、就业支持、人员培训等服务。另外，还建设了22门省级、校级精品课程和网络课程等教学资源平台，拓展了公共基础课教学效能。

（二）构建注重职业应用能力培养的“研练结合、学用一体”公共基础课教学模式

为实施高职公共基础课程体系教学，学校形成了以职业应用能力培养为主线的“研练结合、学用一体”高职公共基础课教学模式，全面改革了公共基础课以知识灌输为主的传统教学方法。一是改革教学方法，广泛应用案例研讨、辩论竞赛等教学方法，引导学生自主学习，实现了教、学、用的统一。二是改革教学评价方式，注重多元评价，实行教师评价与学生评价相结合、过程性评价与终结性评价相结合。如思政部实施“平时考勤 + 研练课考核 + 企业德育实践考核 + 期末考试”的多元考评方法；公共英语推行“教师教学记录袋 + 学生学习档案袋 + 职业情境英语综合应用能力考核”的评价方式。三是创新教学模式，如思想政治素质教育通过创建“研练中心”，实施“研练结合”教学模式；公共英语将第一课堂（校内教学）、第二课堂（课外活动）和第三课堂（校外实习）相结合，实施“职场、情境、体验为中心的三课堂相结合”教学模式；计算机基础实施“分层教学、教考分离”的教学模式；高等数学实施“公共基础—专用基础—提高拓展”模块实践一体化教学模式；应用文写作成功实现“教师挂牌上岗授课，学生自主选择教师”的教学运行机制创新。

（三）锻造一支“专业融合、专兼结合”的高素质基础课教师队伍

教师素质决定学生的素质。为此，学校全面实施公共基础课教师“三个一工

程”：设计好一门课、说好一门课、讲好每一节课。在此要求下，公共基础课部门通过外部招聘、内部培养，制度约束，利益引导等多种办法，着力造就了一支“专业融合、专兼结合”的高素质公共基础课教师队伍。

第一，专业融合。公共基础课教师与各个院（系）的专业教研室进行双向选择，确定每位公共基础课教师今后深度联系的专业，参与专业建设加深对专业的了解，使公共基础课开设的内容适应专业需求。公共基础课教学目标、教学内容和方法的重新定位大大促进了“双师”队伍建设，教师主动走进企业参加生产实践或参加相关职业资格考试，熟悉与专业有关的职业与技能要求，“双师”素质得到明显提升。

第二，专兼结合。为满足公共基础课教学需要，学校从部门外引进职称高、经验丰富的兼职教师，并重在内部培养，对青年教师培养实行导师制，从教学、科研等进行传、帮、带，形成了一支素质优良、结构合理的高水平师资队伍。公共基础课教师获得广东省哲学社会科学优秀成果三等奖、全省青年教师教学基本功大赛等多项省级奖励，指导学生在全国高职高专实用英语口语大赛、全国高等院校学生语言文字基本功大赛、全国大学生数学建模竞赛获等全国与省级大赛中大面积获奖。

（四）建立一套支撑基础课教学改革的管理保障体系

为推动公共基础课程改革，广东轻院健全了外部与内部相结合的公共基础课程建设管理保障体系，形成了挂牌授课、优胜劣汰的激励机制，质量监控、三方评价的评价体系，外部引进、内部引导的教师发展机制，以及资金投入、后勤保障的支撑体系，为公共基础课程建设提供了机构领导、政策倾斜、经费支持、技术援助等方面的有力保障，并通过《关于实施基础平台课程改革的通知》《广东轻工职业技术学院教师参加专业实践的管理办法》《广东轻工职业技术学院制订人才培养方案指导意见》等一系列文件保障了公共基础课改革的有效推进和可持续发展，如规定“全校基础素质类平台课程的开设要向各专业人才培养方案渗透，为专业核心课程服务、为学生就业服务、形成具有广东轻院特色的基础课程体系。坚持一个原则：‘必需、够用’，体现‘五个突出’：突出基础性和工具性、突出公共基础课的教育功能、突出专业关联度、突出实用性和先进性、突出专业适应性”等。

公共基础课改革是人才培养方案的重要组成部分，以此为核心，广东轻院推动了全校基础平台类课程的改革，涵盖了思想道德修养与法律基础（含廉洁修身）、毛泽东思想与中国特色社会主义理论体系概论、形势与政策、体育、军事教育、应用文写作、计算机应用基础、大学英语、高等数学、管理学原理、职业规划与就业指导等课程。这一重大改革一是要求教学内容要支撑专业基础课程和专业核心课程的学习；二是要与后续课程中素质教育的有关教学内容相呼应，使素质教育贯穿育人全过程；三是全校基础素质类平台课程要实行归口管理，统一建设，实现优质教学资源共享共管，不仅优化和完善了高等职业教育课程体系与人才培养方案，更以高素质为本，拓展了素质教育的内涵与实施手段，全面提升了素质教育的实施效果，具有深远的人本价值与示范意义。

第四章　高职思政课教学改革研究与实践

一、高职思政课教学改革背景与理念

（一）高职思政课教学改革背景

进入21世纪以来，中国特色社会主义建设事业所面临的国内外形势发生了极其深刻而复杂的变化。在经济全球化、政治多元化、信息交流网络化、价值取向多元化，中西方文化相互交流、交融、交锋趋势强化的背景下，大学生思想政治教育既面临有利因素和条件，也面临严峻挑战和问题。为适应形势变化的需要，2004年8月26日，中央专门下发了《中共中央、国务院关于进一步加强和改进大学生思想政治教育的意见》（中发〔2004〕16号），为新的历史时期加强大学生思想政治教育指明了方向，明确了任务，分析了路径，提供了政策支持。

十多年来，为贯彻落实中央16号文件，全国高校广大思想政治理论课教师紧紧围绕如何提高思政课立德树人效果这一共性问题，进行了深入的理论研究和大胆的教学改革实践探索。其中，关于思政课实践教学问题的研究和探索，成果可谓十分丰硕。根据中国知网和当当网检索的结果，自2004年以来，相关文章6万余篇，著作50多部。这些成果对提高思政课实践教学重要性的认识和实践教学规律的把握，对推动和完善思政课实践教学改革工作无疑发挥了十分积极的作用。但是，随着我国高等院校类型结构的变化，尤其是高等职业院校占据高等院校“半壁河山”新情况的出现，以前有针对性地研究高职院校大学生思想政治理论课实践教学的成果却显得相当不足。

多年来，广东轻工职业技术学院党政领导认真贯彻落实党的教育方针，从本校培养高技能型人才的实际出发，十分重视思想政治理论课的教育教学，为思想政治理论课的教育教学提供了强有力的政策和条件保障。思想政治理论课教学部在部主任的带领下，创造性地把党和政府关于加强和改进大学生思想政治理论课的基本要求体现在课程教育教学的过程中，从高职生的思想状况实际出发，大胆进行思想政治理论课实践性教学改革。对思想政治理论课教育教学进行了整体规划和系统建设，形成了崭新的教育理念和教学方法。

（二）高职思政课改革理念

1. 坚持学生为主体的实践教学理念

广东轻工职业技术学院的思政课教学改革，在理念上首先是敢于突破传统（教师讲，学生听；教师教，学生学）的“以教师为主体，以教材为中心”的教学模式，摒弃重课堂、轻课外，重理论、轻实践，重说教、轻养成的教学理念，对传统的教学模式和教学方法进行大胆改革，采取“用问题做引领，用任务来驱动”的学生主体实践教学方式，对思想政治理论课在教学方法上大胆创新，通过引导学生主动研究、研习和研练，达到知行合一、立德树人的教学目的。

思想政治理论课实践教学是以构建大学生的学习参与机制，形成“实践体验”，达到“知行一致”和“学以致用”为目标指向的。也就是说，通过思想政治理论课实践教学，使大学生在参与中亲身体验、主动探究现实生活中的问题，验证课堂上学习到的基本知识和基本原理，并运用所学理论来研究分析和解决现实问题，在“实际情境”中分辨是非，坚持马克思主义理想信念，自觉砥砺个人品性，不断完善自我。

高职院校思想政治理论课“研练式实践教学”，除了要追求上述思想政治理论课实践教学的目标外，还要适应高职教育的特点和要求，找准自身定位。根据高职教育的人才培养目标和教学要求，主动服从高职教育的总体目标，形成具有鲜明高职特色的思政课实践教学体系。因此，高职思政课研练式实践教学目标要凸显职业性这一特点。所谓职业性，是指在培养学生全面发展的同时，使其具备与该职业相适应的职业品质。通过思政课实践教学环节，使学生的世界观、人生观、价值观、道德法律观及理想信念方面达到“知”与“行”统一，从而提高学生思想政治素养和道德法律修养，选择正确的价值取向与行为取向；学会科学的思维方法，正确认识自我、认识社会，提高判断分析问题与解决问题的能力；更重要的是要增强学生的职业适应和职业发展能力，帮助他们更好地就业创业；使学生具备高尚的职业理想和敬业精神、正确的择业就业创业观念、健全的人格与健康心态、积极进取的开拓创新意识，以克服自身的工具化和过重的功利主义倾向，更好地适应时代发展和人自身全面发展的要求，使他们生活得更有意义。

根据上述改革理念，我们首先创造了适合高职大学生特点的思政课课内实践教学新模式，即“创设环境，诱发趣情；专题设计，任务驱动；学生主体，教师引领；集散结合，言辩赛竞；启发感悟，修德塑行”的学生主体实践性教学模式，明确了课内实践性教学的定位，整合了实践性教学的相关因素，优化了实践性教学的形式，彰显了实践性教学的重要性。

2. **坚持哲学、科学、实践“三位一体”的理念**

高职院校“思政课学生主体实践性教学模式”的构建，有其坚实的理论基础。即将系统论、协同论和后现代主义教育理论在高职院校思想政治理论课教学中融会贯通，以系统协同教育论为指导，由思政课教师做引领，开展以学生为主体的实践性教学。

广东轻工职业技术学院思想政治课改革以马克思主义哲学做支撑，坚持马克思主义认识论，即辩证唯物主义与历史唯物主义的认识论或方法论：第一，世界上的事物都是互相联系的，要用普遍联系的观点看问题；第二，事物是发展变化的，要发展的观点看问题；第三，在事物的现象与本质之间存在着矛盾，必须要透过现象，看到事物的本质，即抓住事物的规律性的东西，才能真正认识到客观事物的真面目。

广东轻工职业技术学院思想政治课改革以科学发展观做指导。科学理论是从客观实际中抽象出来，又在客观实际中得到证明是正确的，反映了客观事物的本质及其规律的理论，是系统化的真理性认识。它能够预见事物的发展方向，指导人们提出实践活动的正确方案，对人们的实践活动有巨大的推动作用；它能提出正确地认识事物的方法，指导人们正确地认识世界。坚持用科学的理论指导实践，着眼于科学理论的应用，着眼于对实际问题的理论思考。

实践观点是马克思主义哲学的基础，贯穿于全部辩证唯物主义和历史唯物主义的各个环节。实践思维方式是马克思主义哲学的根本特征，它使马克思在生产力理论研究中创立了独树一帜的实践的生产力观。马克思主义认为，实践使人们改造客观世界的一切活动。实践既是客观的物质性活动，又是有目的的能动性活动同时也是集社会性、历史性的活动。实践包括生产实践活动、处理社会关系的实践活动、科学实验活动等基本形式。实践性是马克思主义哲学的本质特征。马克思主义哲学始终以实践为根本出发点和立足点，“它不是在每个时代中寻找某种范畴，而是始终站在现实历史的基础上，不是从观念出发来解释实践，而是从物质实践出发来解释观念的东西”①。

3. **坚持学校、家庭、社会“三位一体”的理念**

大学生思想政治教育是一项系统工程，无论是作为主阵地的思想政治理论教

① 中共中央马克思恩格斯列宁斯大林著作编译局. 马克思恩格斯选集：第1卷［M］. 北京：人民出版社，1992：92.

育教学，还是作为主渠道的日常思想政治教育管理工作，都是一个包含多因素（家庭、学校、社会；教师、家长、学生、社会其他成员）相互作用的系统。只有发挥学校的积极主动性，争取家庭的支持，社会的配合形成有效机制，相互协同形成合力，充分地发挥系统作用，才能达到教育的最佳效果。《中共中央关于进一步加强学校德育工作的若干意见》第 15 条明确指出："学校教育、家庭教育、社会教育紧密配合。学校要主动同家长及社会各方面密切配合，使三方面的教育互为补充，形成合力。建立校外教育网点，使学校德育向校外延伸，调动社会各种教育组织和社会社团，动员、组织、协调社会各方面力量支持学校做好德育工作。"① 根据这一文件精神，广东轻院不仅使学校、家庭、社会"三位一体"协同教育得到落实，而且还将它融合于哲学、科学、实践三位一体的教育中，并达成了两个"三位一体"的有效融合和同步协调，形成了广东轻院思政课"双三位一体"协同教育的工作思路。

在学校、家庭和社会协同教育过程中，广东轻工职业技术学院秉持的是以学校为主导，家庭支持，社会配合。任何一个协同都需要有一个主导性主体，学校作为一个主体无疑将给这一协同教育找到突破口。从服务类型上来说，家庭把孩子送到学校无疑是一个受服务的对象，也就是说它是一个受服务的主体，而学校则是一个服务主体，所以我们不可能把家庭作为这一协同的主体，家庭只能作为一种支持者，通过学校和社会机构动员和号召家长为孩子的教育提供积极主动的支持。从社会单元来说，家庭是社会的最低单元，而作为社会的单元来看，它主要是作为一个"经济实体"存在着，是生产力的直接创造者和发展者。社会在人类历史进程中，它是一个综合性大家庭，承担着全方位、多方面的社会资源配置，它只能作为一个综合力量的配合者和社会资源的调配者；而学校作为一个专门的教育机构，其主要职能就是教书育人，所以其主要的活动就应该是教育活动，理所当然在协同教育方面成为主导。然而，其关键点在于学校要积极主动争取家长的理解和支持，再通过社会机制和校企互利机制来赢得社会的配合。

二、高职思政课教学模式

2009 年 9 月，广东轻院创建了空间结构为"　廊四室"的，以图文并茂的展板和多媒体声像资料为辅助教学手段的"大学生思想政治心理品德素质教育研练中心"，在"创设环境，诱发情趣"的基础上，把大学生思想政治理论课由单一

---

① 中华人民共和国教育部网站，http://www.moe.edu.cn/publicfiles/errorpage/404.htm.

的“讲授式”教学拓展为“讲授”与“研练”相结合的教学模式，实现了由过去“教师为主体，学生为受体”向现在的“学生为主体，教师为主导”的教学模式的转变。2010 年在“一廊四室”的基础上，根据当代大学生的特点和高职学生的个性，以及网络媒体的广泛传播所带来的深度影响，为给学生网络浏览以科学的指导和促进社会主义核心价值观在大学生形成意识的主导作用，思政部新增了“网上实践研练室”（由“一廊四室”拓展为“一廊五室”），并且通过此平台新增了视频研练和音频研练。广东轻工职业技术学院一直秉持改革创新理念，在“大学生思想政治心理品德素质教育研练中心”实践教学平台的基础上，继续探讨如何走出课堂，走出校园，走进企业，走进社会。2011 年，广东轻工职业技术学院在这方面形成了有益的探索，开拓形成了校外实践教学新形式，主要有企业德育实践、社会调查、志愿者服务等形式；同年，校内课外校园马克思主义文化建设也开始启动，以马克思主义协会、马克思主义文学鉴赏小组为马克思主义文化日常传播平台，开始了马克思主义文化的广泛传播。2013 年年末和 2014 年上半年，先后在“大学生思想政治心理品德素质教育研练中心”建成了学生成果静态演示展台和动态演示展台，进一步完善了学生主体实践性教学的功能。

至此，“一廊五室”课内“研练式实践教学”，校内开展校园马克思主义文化传播，校外建立“企业德育实践基地”的思想政治理论课教学模式，在广东轻工职业技术学院系统地构建起来了。该模式坚持理论联系实际、教与学有机结合，充分发挥了学生的主体性作用，有效解决了思想政治理论课课内外实践教学所面临的种种难题，在实践育人方面实现了有效创新。

（一）思政课“研练式”课堂实践教学

随着社会发展的日新月异，当代大学生的思想可以十分便捷地与世界文化思潮接轨。受到多元化思潮的影响，他们在心理上也呈现出更具时代特色的鲜明个性心理特征，成为更复杂的受教育者群体。如何在新形势下更好地对大学生进行思想政治教育，是摆在广大教育工作者面前的一个重要课题。《国家中长期教育改革和发展规划纲要（2010—2020 年）》（以下简称《纲要》）明确提出：“以学生为主体，以教师为主导，充分发挥学生的主动性，把促进学生成长成才作为学校一切工作的出发点和落脚点。”① 这是包括思想政治理论课在内的所有课程改革的正确方向。

---

① 国家中长期教育改革和发展规划纲要(2010—2020年)[EB/OL].(2010-07-29).http://www.gov.cn/jrzg/2010-07/29/content_1667143.htm.

为了贯彻落实《纲要》以学生为主体的思想，广东轻工职业技术学院进行了持续7年的实践探索，形成了学生主体、部门协同的思政课实践性教学模式和教学管理体制。这种模式和体制如图4－1所示。

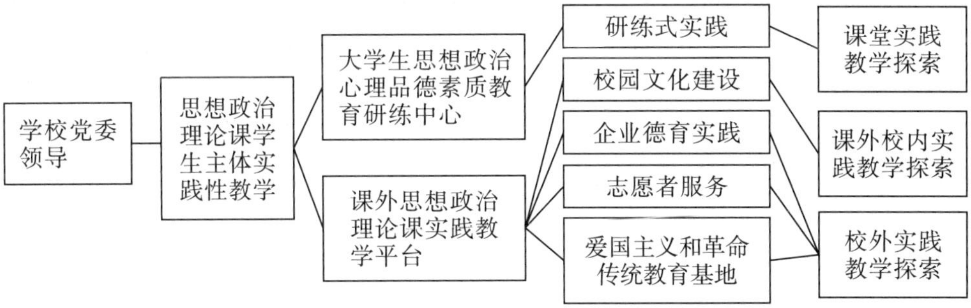

图4－1　广东轻工职业技术学院思想政治理论课学生主体实践性教学改革模式与体制图

在这一模式和体制中，“思政课研练式教学”是实践学生主体教育思想的最佳形式。学校通过创设“研练中心”教学平台，构建适合学生认知规律的教学情境，教师借助这一教学平台，精心设计研练教学方案，实施学生主体性实践教学。每次上研练实践课之前，把研练学习任务布置给学生，学生以学习小组为单位进行准备，在课堂上，开展丰富多样的研练教学活动，充分调动了学生学习的主动性、积极性和创造性。在研练式教学过程中，学生主体自我探索、合作学习、生动演绎、智慧碰撞、消化吸收。师生互动及学生交流之间是平等的、公正的、友爱的、和谐的、有创意的，其最终指向是“修德塑行”的教学目的。研练活动中穿插着教师高屋建瓴式的指导，来保障知识的教育价值到位；通过各种各样学生喜闻乐见的研练方式，实现了学生在研中学、做中学、生活中学、交往中学、讨论中学、阅读中学的自由学习发展。

思政课学生主体实践教学是高职院校思想政治课教学的重要组成部分，是学生深化理论认识的有效途径，有利于学生思想政治理论素养的提高和正确价值观的形成。当前，有些高职院校思想政治理论课的教学缺乏实践性，以致造成教学的针对性、实效性差和吸引力、感染力不强的现实问题。广东轻院思政课学生为主体实践教学改革，适应了高职大学生身心发展特点，对于培养具有创新能力并具有综合素质的人才是一种科学探索，给高等职业教育教学改革带来了新景象。

（二）思政课校内实践教学

思想政治教育是一个系统工程，需要联动课堂内外、学校内外的教育教学。只有这样，才能有效实现人才培养的整体目标。高职院校思想政治教育也不例外。

作为思想政治教育的主渠道，与思想政治教育相关课程的课堂教学的地位已经得到广泛认同，但是其实效性仍然是值得探索的重要课题。除了课堂教学的理念、方式、方法等方面的常规探索之外，高职思想政治教育课外实践教学也被纳入思想政治教育教学研究的视野。目前，加强高职思想政治教育实践教学已经成为业界共识。但是，构建什么样的高职思想政治教育实践教学体系，怎样构建高职思想政治教育实践教学体系，尚处于初步探索之中。不同的研究者关注的侧重点也有所不同。有研究者强调，开辟“第二课堂”，把社会实践作为课堂教学的重要补充；也有研究者基于社会实践在操作层面的复杂性、高成本而覆盖面有限等理由，转向对课堂内部的实践教学探索；还有学者主张把笼统的社会实践进行区分，进一步细化为校内、校外社会实践，有针对性地进行社会实践课程开发。

这里所探讨的高职思想政治教育课外校内实践教学，是建立在对思想政治实践教学细化的基础上，和课堂实践教学、校外实践教学相区分的有针对性的在高职校园这一特定区域内所进行的思想政治教育实践教学，是包括高职校园各种资源、过程、方式方法的整体系统工程，它构成一个和课堂教学、校外实践既有区别又有紧密联系的实践教学体系。

一是在范围上，高职思想政治教育课外校内实践教学是在高职校园这一特定区域里进行的。这一范围首先和校外的社会实践教学相区别。与校外社会的复杂性和不可控性相比，校内实践教学具有相对单纯和较强的可控性特点，在实现思想政治教育目标的过程中具有指向明确的优势。高职思想政治教育课外校内实践教学也特别强调和校内课堂教学相区分。课堂虽然是高职思想政治教育实现目标的主要渠道和资源，但具有场所固定、单一等特点，而且对课堂教学的探索已被广泛关注，因此，高职思想政治教育课外校内实践教学试图通过课堂之外的校园文化建设探索，为高职思想政治教育实践教学开辟更为广阔的道路。

二是在内容上，高职思想政治教育课外校内实践教学和课堂教学具有理论基础的一致性，但是又具有实践性、广泛性和凝聚性。它主要聚焦于高职的校园文化建设，重点关注校园的各种文化要素及其关系协调、活动组织、精神价值、教育效果和目标达成等方面的建设。其宗旨是实现高职思想政治教育和校园文化建设的有机融合，在共同发展中实现育人目标。

三是在教学方式方法上，高职思想政治教育课外校内实践教学普遍采用实践式、体验式教学，教学方法具有灵活性、多样性的特点。比如，高职思想政治教育课外校内实践教学在具体操作中可以采用知识或技能竞赛的形式，也可以采用社团联欢等形式。总之，根据不同条件和需要，高职思想政治教育课外校内实践教学的方式方法可以是不拘一格的。

（三）思政课校外实践教学

实践教学不能仅局限于课堂、校内，而应当走出课堂，走出校园，走进企业，走进社会。广东轻工职业技术学院在这方面做出了有益探索，该校所开展的校外实践教学形式多样，主要有企业德育实践、社会调查和志愿者服务等。

1. 企业德育实践

企业德育实践是新兴的思想政治教育的实践形式，主旨是利用企业资源进行德育，是思想政治教育实践教学向企业的延伸。众所周知，高职学生在定岗实习、下厂锻炼时不仅需要专业技能，同时也需要作为职业人的职业道德和良好的思想心理素质。为此，广东轻院与部分企业携手，创建了众多“企业德育实践基地”，并组织学生进行企业德育实践。企业德育实践是新型的思政课实践教学形式，还处在探索阶段。广东轻工职业技术学院思政部对企业德育实践的探索具有重要意义，已形成了一整套完善的制度，成效明显。该校的具体做法如下。

思政部与企业联系，双方建立企业德育实践基地后举行授牌仪式并签订《大学生思想道德素质教育实践基地协议》。建立实践基地的目的是“形成校企共同培养人才的新模式，为提高大学生职业道德素质创造社会条件”。思政部和企业合作的原则是“平等互利、精诚合作”。根据协议，企业德育实践基地提供开展职业道德教育活动所需要的场地、设施和活动协助；企业领导或其他政工人员应学校邀请为学生做思想修养、职业道德方面的辅导报告、召开座谈会等；企业每年至少接受2次学生到该企业参观学习，并对之进行必要的职业道德教育和指导。在与企业签订协议之后，学校需要对企业德育实践教学工作教学精心准备，认真组织。

一方面积极主动与企业德育实践基地沟通联系，了解企业所能接纳学生的数量，了解企业对院校的要求，确定时间和流程，一般都提前联系，以便留出足够的时间让企业准备。另一方面，确定参加企业实践基地的学生并对他们进行简单培训，告知企业德育实践的目的、意义和注意事项。由于不是所有学生都能参与企业德育实践，因此有必要通过一些方法筛选出部分学生。做法之一，是自愿报名，缺点是往往会出现报名人数太多或太少的问题。做法之二，是让班干、党员、上课认真的学生参加。做法之三，是让班级自主确定参与企业德育实践的学生名单。此外，还要联系来回的车辆。学校一般还会对带学生集体外出有一些规定，教师应该事先了解并办好相关手续。还应事先准备好实践调查表或者相关问题设计。

企业德育实践不是简单地参观访问企业，而是要充分利用企业的德育资源对学生进行思想道德教育，尤其是职业道德教育。首先是参观企业，通过对企业的工作方式、生产流程的参观，了解企业的工作理念和企业文化，感受企业文化、管理理念、员工的工作态度等。其次是由企业领导介绍企业的创业历程、企业的发展状况及发展策略，树立大学生就业和创业的信心，接着企业领导将论述员工的职业道德素质的重要性（如敬业爱岗、吃苦耐劳、乐于奉献、诚信等）、国家方针政策与企业发展的关系等看法，以帮助学生树立良好的职业道德素质意识。最后是请一至两名公司员工（最好是校友师哥师姐）介绍他们的入职经历、职场经验，让学生从中学习他们的工作技能、团队精神和经验，为以后就业提供可借鉴之处。学生也可以提问，主题是做好大学生活规划及职业规划。进行企业德育实践要注意遵守事先确定的时间和流程，尽量不影响企业运营；要尊重企业工作人员，讲究礼貌；听从企业方和教师的安排。

学生在参加企业德育实践教学回到学校之后，教师还要组织已参加实践教学的同学相互交流，以演讲的方式畅谈自己的所见所想，分享实践经验，教师最后整个企业德育实践活动要进行总结，通过对活动期间搜集资料的汇总分析，完成此次活动的实践报告；要求实践队员把在实践教学中的各种见闻、感想等汇总成册，并作为此次实践教学的重要资料；撰写新闻稿件，向校内网站投稿。由于相当部分大学生尤其是高职大学生并不清楚如何撰写实践报告，为了提高实践报告的质量，教师要对学生进行有关实践报告撰写方面的简单培训。

2. **社会调查**

作为思想政治理论课实践教学形式之一的社会调查，在调查方法和程序上与一般社会调查并无差异，但是其目的主要是培育大学生树立正确的世界观、人生观和价值观；选题要与思想政治理论课相关，要体现思想性、政治性。思想政治理论课教学开展社会调查具有重要的意义。

（1）社会调查是以“实践”为核心的实践教学的重要体现。思想政治理论课实践教学中的“实践”，即教学的核心和重点，实践教学的关键在于实践。对实践教学的研究和探索不能仅仅停留在理论层面，而必须进入实践本身。通过社会调查形式，让学生关注社会问题，参与社会问题研究，提出问题解决的途径，真正做到“学有所思，学有所悟，学有所用”。同时，对于思想政治理论课课程而言，通过加强大学生思想政治教育课程的社会实践活动，把理论教学与社会实践相结合，是提升思想政治理论课教学效果的重要途径，已成为思想政治教育工作者的共识。“大学生社会实践的形式多种多样，但社会调查无疑是社会实践的基础和核心。”①

（2）社会调查有助于大学生树立正确的世界观、人生观、价值观。当今世界，随着经济全球化进程的加快，政治多极化加深，文化也出现了多样化情形，各种思潮相互激荡；我国改革开放进一步深入，社会经济成分、就业方式、利益关系和分配方式日益多样化，人的价值选择也出现了多元化。在这种情况下，大学生的世界观、人生观、价值观也必然受到影响。因此，我们应该让学生参与社会调查，“去粗取精、去伪存真”，让大学生透过社会生活表象发现社会生活的本质及其规律，把自己的人生观、价值观、世界观建立在科学的基础上，正确把握人类社会历史发展的本质和规律，正确认识国情和社会主义建设的客观规律，增强理论自信、制度自信和道路自信；正确认识肩负的历史使命，努力成为德智体美全面发展的中国特色社会主义事业的建设者和接班人。

（3）社会调查有助于学生培养调研能力，开展研究性学习。作为实践教学形式的社会调查不同于一般的社会调查。而思想政治理论课的社会调查要求往往要低于专业社会调查。社会调查，“是指人们有目的、有意识地通过对社会现象的考察、了解和分析、研究，来了解社会真实情况、认识社会生活本质及其发展规律，探索改造社会、建设社会的道路或方法的一种自觉认识活动”②。开展社会调查并非是一项容易的工作，需要按照一定的程序，要做好充分的准备，既有理论上的准备，也有实践上的准备。大学生在开展社会调查的过程中可以锻炼调研能力，受益终身，还能培养学生学习的积极性和主动性，提高学生的综合素质；小组协同完成任务还有利于培养和提高学生的合作精神、交流能力及表达能力。

（4）社会调查有助于培养学生的团队精神和综合素质。思想政治理论课实践教学的主旨是通过社会实践提高学生的综合素质，而社会调查就是一种很好的形式。社会调查是一项综合性的活动，它需要全员动员、人人参与，发挥集体智慧。调查的形式可以让学生在准备过程中丰富对社会现象的认识，提高表达能力和应变能力，培养团队意识和合作精神。因此，社会调查不仅仅要培养学生的调查能力，而且要培养学生的表达能力、交往能力、合作能力、创新能力等多方面的综合能力。

---

① 盛红．高校思想政治理论课社会调查实践探微［J］．南京中医药大学学报（社会科学版），2010（3）：11．

② 水延凯，等．社会调查教程［M］．5版．北京：中国人民大学出版社，2010．

3. **大学生志愿者服务**

志愿者服务指自愿贡献个人的时间和精力，在不为物质报酬的情况下，为促进社会进步而提供的服务。其核心内涵是“自愿服务、奉献他人、促进社会发展”①。近几年，一些学者开始重视大学生志愿者服务的思想政治教育功能，并将其作为思想政治教育的课外实践教学形式。

广东轻院大学生志愿者队服务的宗旨是“团结、友爱、互助、进步”，口号是“服务社会，把快乐带到每一处”。广东轻院志愿者队现有志愿者 2 500 人，除了参加每年暑假的“三下乡”社会实践等传统活动外，还积极结合广州经济社会发展需要和自身专业特长提供服务，迄今为止已经为 2010 年亚运会、广交会、海珠区美食节等诸多大型活动提供了志愿者服务。

三、高职思政课改革的实施

（一）创建“思政课研练式教学”平台

在研练式教学改革启动后，学校党委和行政一直高度重视“研练中心”的运行使用，专门设立一个实验员编制，招聘专人进行管理，提供了一系列保障条件。“研练中心”从空间上看，由“一廊五室”组成。“一廊”是指一条宽敞的回廊，“五室”是指“马克思主义中国化问题研练室”“形势政策判析研练室”“修德守法研练室”“健康心理培育研练室”和“网上实践研练室”五个特殊教室。

“研练中心”里既有言简意赅、图文并茂、主题鲜明、观点清晰的展板，又有近 120 台电脑、视频音频资料、投影仪、音响、无线话筒、沙盘、可移动组合桌椅等供学生进行研练的设备、器具。它为大学生思政课校内实践性教学提供了一个有别于一般理论课教学的特殊场景，为增强大学生学习思想政治理论课的兴趣提供了物质环境条件。

（二）探索多元化教学设计

广东轻工职业技术学院自 2009 年 9 月创建“大学生思想政治心理品德素质教育研练中心”教学平台以来，思政部教师借助这一平台在实践教学方法改革方面进行大胆尝试，形成了特定情境研练式实践教学多种模式，主要有“专题研讨教

---

① 陈广锐. 新视角比较中西方志愿服务［J］. 中国校外教育，2010（10）.

学模式”“创设情境教学模式”“课堂体验实践教学模式”及“网络专题研讨教学模式”等。多种模式的研练实践教学调动了学生学习思想政治理论课的积极性和主动性，激发了学生主动探索问题的兴趣和热情。下面重点介绍“专题研讨教学模式”和“创设情境教学模式”的教学设计。

1. 专题研讨教学设计

第一，选题与分组。研讨专题的优选和精心设计是专题研讨式教学取得良好效果的前提，也是专题研讨式教学的难点。在教学实践过程中，首先是教研室全体任课教师进行集中讨论，根据本学期的教学内容、教学目标、理论重点难点，以及学生所关心的热点问题，设置若干个选题作为研讨内容，然后进行集体备课，把研讨问题细化，做到有计划、有组织、有准备。如在讲授“思想道德修养与法律基础”课程时，我们设计的题目有：“我的大学我做主”、“在社会主义市场经济条件下，是否需要理想?”、“抗日剧难道可以这么拍吗？——爱国主义是否已变成‘愚民主义’。兼谈我对电视节目低俗化的态度及原因分析”、“感悟人生—解读幸福”等。选题是研讨式教学过程中的关键要素，选题的难易程度和质量高低直接影响到专题研讨式教学的效果。在选择和设计研讨课题时，必须把握好以下几点：一是研讨专题紧扣教学内容，不能偏离教学内容寻找、设计研讨专题内容；二是研讨内容有新意、有吸引力，能够引导和激发学生展开多角度深入思考和多维度探索的热情与兴趣；三是研讨专题的深度、广度和难易程度必须适当。研讨内容过难则难以深入而达不到研讨的目的，研讨内容过易同样达不到研讨的目的。

教师必须提前通知学生相关的研讨专题，以便学生有充分的时间搜集整理资料，然后进行分组，选举小组长。小组长负责组织、分工、协调工作。每组确定主讲人、撰稿者、PPT 制作者等；各小组成员都要搜集资料、分析整理和讨论，把大家共同认可的内容进行汇总，按要求把讨论成果形成文字材料，制作成 PPT，并推荐代表到全班进行汇报交流；汇报结束，每组上交一份研讨稿。总体要求就是小组各成员间进行合理分工，团结协作，共同完成，紧紧围绕主题，力争做到主题突出、思路清晰、结构严谨、论证充分、逻辑性强。

第二，交流与讨论。各个小组推荐的发言代表，在“研练中心”课堂上按顺序把整理好的资料、观点向大家展示，并制作成 PPT，要求图文并茂，简洁明了，能够很好地配合主讲所讲述的内容直观形象地展示研讨成果，时间 10 分钟左右。

汇报结束后，同学们对某一问题有了一个比较全面的认识，由考核委员会提出几个问题，小组成员进行答辩。考核委员会根据小组代表的汇报和答辩情况给出相应的分数，这一分数将作为该小组成员的平时成绩。这样就可以通过课堂展示、答辩的方式将研讨进一步深入下去。专题研练课评分见表4－1。

表4－1　专题研讨课评分表

班级	组号	衣冠整齐、举止有礼、言语得当、谈吐儒雅（20%）	主题鲜明、具有思想、理论深度（30%）	表现形式恰当（20%）	小组成员团结协作（10%）	具有创新性（10%）	小组考勤及课堂纪律（10%）	总分（100%）
	1							
	2							
	3							
	…							

第三，总结与点评。各小组汇报结束后，教师对研讨问题做出归纳总结。这是研讨的根本目的和最终归宿，也是研讨最有价值的部分。教师点评的时候要注意以下几点：首先，点评以引导、鼓励为主。点评既可以在每个题目讨论时进行，也可以在全班讨论时进行，点评中应对学生在研讨中的表现给予肯定和鼓励，充分肯定其“亮点”，真正把学生的学习主动性、求知欲充分调动和激发起来。其次，指出不足，引以为戒。在充分肯定优点的同时，也要恰如其分地指出带有普遍性的问题和不足之处。比如研讨主题是否明确、论证是否充分，重点是否突出、难点是否突破，以及思路是否清晰、结构是否合理等，使学生明确在研讨中应受到的启示，以及这些启示的适用条件和范围，做到有针对性地分析，得到进一步启发思路、提高分析问题的能力。最后，教师应对本次研讨问题进行理论升华，因为学生认识和讨论问题往往是在表面层次，就事论事，所以教师在最后必须进行点评。这种针对性强的总结讲评，对于引导学生深入思考，加深理解有着非常重要的作用。课后每个研讨小组还应提交专题研讨小结报告，见表4－2。

表4－2　专题研讨小结报告

一、研讨专题
二、小组成员（注明学号）
三、报告内容 1. 简述小组准备过程，成员分工情况； 2. 阐述对本专题的理解认识； 3. 研讨过程的经验和不足、需改进的方面； 4. 对教师及专题研讨课提出的建议意见

2. 创设情境教学设计

在思政课教学中，可根据不同的教学内容和教学目标，创设不同的教学情境。创设情境的主要方法和形式有：语言（图文）描绘情境、表演参与情境、影视展现情境、实地体验情境、网络互动情境等。情境创设的操作要义是：以“情”为纽带，以“思”为核心，以“学生”为主体，以“活动”为途径，以“生活”为源泉。

思政课教学的灵魂是理论联系实际，理论联系实际才能保证和增强教与学的活力与实效。以现实为依据创设情景剧是思政课教学的一种重要的理论联系实际的形式。创设表演情境，即根据教学内容和教学目标的要求，结合思想政治理论课不同课程的特点，选择相关事例（事件），在教师的指导下，由学生学习小组进行编排并在课堂上进行表演和演示，或烘托教学氛围，或提出问题在同学中开展讨论，最后由教师结合授课内容进行分析总结和引导，在情境的展现中实现教学目的。情境表演的形式可以多种多样，小品、短剧、相声、诗歌朗诵皆可采用，还可以拍摄制作成DV形式在课堂或校园网上播放。这种教学模式可以丰富教学方式，活跃课堂气氛，吸引学生对教学内容的关注，引发学生开展讨论，从而有利于教师了解学生的真实思想并有的放矢地加以教育和引导，促进师生的双向互动。更为重要和有意义的是，能使思想政治理论课教学更贴近现实、贴近学生、贴近生活，极大地调动学生参与教学的主动性、积极性和创造性，通过学生的主动参与、主动体验和主动观察，促进学生主体意识的培养，提高学生分析和解决实际问题的能力，增强思想政治理论课的实效性。下面，以“思想道德修养与法律基础”中大学生廉洁修身教育的内容为例。

阅读链接：情境表演研练方案

一、情境表演专题

当歪风遇到正气——大学生廉洁修身进校园主题研练方案。

二、引导语

廉洁是社会发展的取向，一个廉洁的社会有助于形成良好的社会风气，促进社会的和谐与经济发展的良性循环；反之，腐败现象的频繁发生将会导致一个社会承受沉重的政治代价和经济代价。大学生有知识、有热情，但他们的世界观、人生观和价值观不成熟，让其产生矛盾心理，一方面，在教育的正面引导下对社会上种种不良诱惑和现象表示不满；另一方面，在市场经济大潮中，又往往不能经受考验和抵御诱惑。特别是在市场经济条件下，大学生的经济意识明显增强，理想观念趋于现实化，追求实惠，择业取向更偏重于个人的经济利益；在面对不良诱导和阴暗面时缺乏抵抗力和免疫力，不能正确认识和处理，因而走上违法犯罪的道路而不自知。因此，在学生时代对大学生进行廉洁修身教育，奠定其坚实的廉洁修身基础，树立以廉为荣、以贪为耻的社会主义道德观，形成勤劳节俭、廉洁奉公的思想观点，对其一生都会有深远的影响。

三、研练目的

学习和了解关于古今中外廉正人物的经典故事、廉正箴言，在大学生中宣传廉洁正气正能量，引导学生思考廉正对大学生个人人格修养的提升及事业发展的密切关系，引导他们明辨是非、激浊扬清、反贪倡廉，追求真善美、抵制假恶丑、陶冶高尚情操，奠定廉洁做人的良好品德基础。

四、研练内容

1. 歪风：大学生不廉洁正气现象大家谈。

要求：谈谈你认为在大学生中不廉洁正气的 4 种典型现象，每组选 1 种现象，并通过情境表演模拟这一现象，然后谈谈你对这种现象的态度及其原因，最后再谈谈这一现象对大学生个人人格修养的提升及事业发展有何影响。每组 8 分钟。

2. 正气：说廉颂廉。

要求：请选择 1 个最喜欢的廉正人物、廉正经典故事或廉正箴言在课堂上分享，并说说原因及对个人的启发。情境表演方式自选（可通过 DV、动漫、PPT、脱口秀等形式），每组 6 分钟。

（三）践行研练式教学方法

以“思想道德修养与法律基础”课为例，在研练式教学中，我们以教材内容为主要依据，结合学生的兴趣点和关注点，紧紧把握教材体系向教学体系，进而向学生认知体系转换的基本要求和原则，首先科学设计研练专题，如：①“规划大学生活，我的大学我做主——畅谈理想”；②“祖国在我心中”“感悟人生——解读幸福”；③“习德修身，行孝成业——继承和弘扬中华民族优良道德传统”；④“大学的恋爱我该如何面对你?”；⑤“当歪风遇到正气——大学生践行个人品德”；⑥“感悟生命——增强大学生法律意识和法治精神”，等等。然后，围绕每个专题开展研练教学。

其具体做法以“规划大学生活，我的大学我做主——畅谈理想”专题为例。该专题教学主要运用的是情境体验感悟研练教学法。教师的教学过程如下。

1. 课前研练准备

教师在上研练课前 1 ~2 周把研练方案布置给学生。研练方案一般包括研练主题、研练目标、研练内容及研练要求等内容，让学生初步了解教师的教学目的和教学内容。根据每个教学班的实际情况，要求学生分成若干个学习小组，选举小组长。小组长根据研练方案负责组织、分工、协调。每组确定主讲人、撰稿者、PPT 制作者或表演角色。每个组员要团结协作，做好资料收集、制作课件、演讲稿或剧本等准备工作。同时，教师也应围绕研练方案做好充分备课，制作课件，设计好教学环节，包括课堂上如何引领学生？选择哪些音乐、图片、视频创设教学情境？设计什么问题让学生展开讨论？等等，为上好研练课做好准备。

2. 课堂专题情境体验感悟教学

第一，创设音乐情境，说出心中的理想。在“研练中心”这个特定教学场所展开研练教学，学生按小组围桌就座。教师在课堂开始播放《最初的梦想》《我的未来不是梦》和《我相信》三首与理想相关的歌曲，创设美、趣、智的教学情境，调动学生的情绪，教师把准备好的小卡纸发给每位学生，让学生在欣赏歌曲过程中写下自己的理想，并请学生说出自己的理想，学生在音乐的感染下，纷纷表达自己的理想，教师把学生小卡纸收集起来制作“理想树”，并就每位学生的理想做出小结，结合课本第一章“追求远大理想坚定崇高信念”分析理想的含义、理想的特点及理想的分类，学生在潜移默化中获得了知识，提升思想境界。

第二，融入情境，体验感悟，规划好大学生活。随着音乐的结束，教师播放视频《感动广东轻院十大人物　揭英远事迹介绍》，引导学生融入情境，学生通过视频，感受并向往健康、积极向上的大学生活，教师紧接着提出第二个问题：立志高远，但要始于足下——规划大学生活，我的大学我做主。学生按小组通过多种方式交流课前准备的大学规划，有的小组演讲，有的展示课件，有的播放小组拍摄的 DV，有的现场表演情景剧等，学生在演讲、辩论、表演甚至游戏等活动情境中担当一定的角色进行“扮演”，从而使学生的认知与情感在教育过程中协调发展。同时，在生生之间、师生之间的互动交流体验过程中产生的疑问，获得的体会，提高了认识，相互促进。

第三，总结与点评，我的大学我做主。各小组汇报完“大学生活规划”后，教师对研练过程中出现的问题做出归纳总结，要求小组间相互评分，每个小组提交研练小结报告书。

阅读链接

网络研练教学案例

以“习德修身，行孝成业——继承和弘扬中华民族优良道德传统”专题研练为例，该研练课采用网络研练教学法。网络研练教学是指在“研练中心”网络研练室提供的网络教学平台所开展的研练式教学。相比情境体验感悟研练教学法，网络研练教学法课前要求学生做的准备相对校少，而对教师的要求则更高。网络研练过程如下。

（1）运用网络查阅资料，了解孝道。

教师提出研练问题及相关资料链接地址，学生网上搜索查阅资料后制作课件。“习德修身，行孝成业——继承和弘扬中华民族优良道德传统”主题研练课堂中，教师提供了《二十四孝》典故、《傅雷家书两则》、龙应台《目送》及中国文明网的链接地址，有目的地让学生了解何谓孝道；并提出问题让学生边阅读资料边思考：我们如何看待传统道德中的孝道优缺点？（结合符合或者违背现代观点的《二十四孝》中传统孝道的例子进行解读）、面对充斥着孝与不孝的现代生活，我们做何感想？你认为自己在事业有成时会比现在更好地尽孝吗？当代大学生如何去践行孝道？然后要求学生在网络研练室把讨论的结果制作成课件交流讨论。

（2）发挥网络资源优势，践行孝道。

学生网上搜索素材制作孝心小创意，并在课堂展示。在电脑上设计制作孝心卡片或动画短片等发邮件给自己的父母。并在网络研练课堂上写“我上大学的第一封家书——我想对爸爸妈妈说……”“指尖的微孝”，编辑关爱、感恩短信并发送给父母。

（3）教师总结点评，展示优秀成果。

在思政部网站的设计中设置一个“网络研练成果展示区”，用于展示在这次网络研练教学中优秀的成果。网络研练教学活动结束之后，教师把在研讨教学活动中表现突出的小组所制作的优秀成果，上传到网站的“网络研练成果展示区”，也为接下来进行网络研练的同学提供借鉴。

四、高职思政课教学改革的特色与成效

（一）高职思想政治课实践教学改革的特色

1. 注重践行与体验的教学方法

“研练式教学法”是学生们将普通课堂上已经学习过的理论知识，在教师的指导下，通过课外广泛查阅资料，撰写发言提纲、表演剧本，制作 PPT、微视频等展示材料，经过充分准备以后，到“研练中心”采取如上所述的多种方式开展学习的一种方法。它是对已经学习过的理论知识的复习、巩固和运用，是具有主观见之于客观属性的实践性教学。

“研练式教学法”激发了学生主动探索问题的兴趣和热情，提高了学生学习思政课的积极性，在一定程度上实现由“让学生学”到“学生喜欢学”的转变，由以前学生对思政课意见众多到近几年学生、教学督导综合评分逐年上升超越部分院（系）专业课评分的转变，是已经被实践证明具有良好教学效果的育人方法，因而具有重要的应用价值。

2. 全员参与的有效教学途径

不论思政课实践教学的具体方式如何，其实施原则理应做到全员参与。但是，由于受人力、财力、管理等因素的限制，传统的社会实践教学方式，如社会调查、参观考察、志愿者服务等，没有一种方式能够从根本上满足这一要求。而广东轻院通过创建“研练中心”，实施“研练式教学法”，虽然花费不多，却能从根本上解决目前其他院校不能让所有学生都参加实践教学的问题，使思政课实践性教学实现了学生全员覆盖，所以具有良好的应用推广前景。

3. 思想政治教育融入学生日常生活

课外校内实践教学创造性地把“马克思主义协会”和“马克思主义文学鉴赏小组”等学生社团活动，纳入思想政治教育的实践平台，使思想政治教育通过学生团体活动融入了学生的日常生活。

4.“企业德育实践教学”开辟了思政课实践教学新途径

通过探索校外实践教学，使学生敞开心扉，走出校门，在思想政治课教师的指导下，弄清楚思想政治理论与社会实践之间的差异和相辅相成的辩证关系，搞明白学习理论的目的在于运用，只有把理论与实际有机结合起来，才能达到学习的目的，从而成长为社会主义合格建设者。

5. 实现了思想政治教育资源的全面协同管理

通过建立“专任教师分院系任教制度”“政治理论学习课外指导员制度”等，

初步构建了学校思想政治教育教学队伍和思想政治管理队伍，协同联动开展思想政治教育的新机制，有助于提高“两支队伍”工作的合力。

通过企业德育实践基地建设，着力构建思想政治教育工作校企合作新机制。最终把大学生思想政治教育工作从书本延伸到实践，从校内延伸到校外，形成以课堂理论学习为基础，以校内“研练中心”实践教学为依托，以校外企业德育实践基地爱国主义教育、革命传统教育基地为拓展的全方位思想政治教育新格局。

通过思政部教师与专业课教师联合教学、校企合作的方式，以及教学目标协同管理、教学手段协同管理、教学环境协同管理、校园活动协同管理、师资队伍协同管理，实现了高校大学生思想政治教育的全面协同管理，全面提高了思想政治教育工作的实效性。

（二）高职思想政治课教学改革的效果

思想政治教育的效果是思想政治教育的生命力所在。任何思想政治教育只有在实践活动中产生正向结果和社会效能，才能促进其自身目的和价值的实现。思想政治理论课作为高校思想政治教育的重要内容，其教学效果如何直接影响着它在教育中的地位。长期以来，作为高校思想政治教育主渠道的大学生思想政治理论课的建设问题，在高校教育教学中受到了重视。业界围绕思想政治理论课教学而展开的理论与实践研究，其成果之多可谓是浩如烟海。然而，细数起来会发现，在实际教学效果上能有大的收获，并且能够在国内产生一定示范效应的教学新方法却并不多见。

广东轻工职业技术学院思政课学生主体实践性教学改革，展现了思想政治理论课教学的新理念，增强了思想政治理论课教育教学的直观性、感染力和吸引力，使思想政治教育更加贴近学生、贴近现实、贴近生活。思政课教学新模式的采用，在内在促进学生综合素质提升的同时，外在反响亦日益强烈。学生素质提高、教师“研”“教”水平提升，督导赞许、专家认同、领导肯定等良好的效应，逐渐汇聚成一股合力，反过来又成为广东轻院思政课教学改革深化的持续动力。

1. 学生综合素质提升明显

高校思想政治理论课教学过程，就是对青年大学生思想政治理论和思想品德关注、培养的过程。在这个过程中，只有贴近学生思想，从学生思想实际出发，根据学生的需要、兴趣、爱好、能力、特点来调动学生学习的积极性，才能使他们爱学、乐学、勤学、善学，逐渐成为高素质的人才。这才是思想政治理论课教学改革的根本目的。

学生主体实践性教学，一改过去教师满堂灌，学生被动听的传统教学方法，让学生自己动手、动脑主导课堂学习进程。在研练课堂上，学生可以在轻松活泼的情境中讨论着自己喜欢并愿意谈的话题，也可以放心大胆地展现自己的才能，还可以针对自身不足尝试性地进行锻炼。这种全新教学法的出现，真正地实现了学生学习的主体性，有效地调动了学生学习的积极性和主动性，激发了学生主动探索问题的兴趣，大大吸引了学生的注意力，唤起了他们强烈的情感共鸣和反思感悟，因而深受学生喜爱，并得到了学生们对思政课教学的持续好评。学生对思想政治教育的评教平均分数逐渐从 2011 年的 86.9 分持续上升为 2015 年的 91.4 分，说明思政课教学改善效果显著。

除学生对思政课教师任课评分外，为了全面了解广东轻院学生对思政课教学改革的评价，思政部还直接在 2011 学年第二学期期末，专门就“思政课”实行“专题研练教学模式”改革进行了问卷调查。通过对广东轻院外语系、机电系及设计学院 2010 级 230 名学生随机调查，最终结果显示广东轻院学生对于研练式实践教学法表示了高度认可。调查结果详见表 4－3。

表 4－3　思想政治理论课“专题研练教学模式”的效果与评价调查统计表

问题	A	B	C
1. 您对学习思政课	很感兴趣 24.88%	较感兴趣 64.79%	不感兴趣 10.33%
2. 您对思政课“专题研练教学模式”	很感兴趣 38.03%	较感兴趣 52.58%	不感兴趣 9.39%
3. 您认为思政课专题研练学习小组人数应	小组人数 10 人以下 76.53%	小组人数 10 人以上 13.15%	无所谓 10.32%
4. 您对思政课“专题研练教学模式”教学改革的态度是	很必要 72.30%	无所谓 22.54%	没必要 5.16%
5. “专题研练教学模式”需要	教师课堂灌输 8.45%	教师引导，学生为主导 88.26%	无所谓 3.29%
6. 您认为“专题研练教学模式”应该	大力推广 38.97%	适当推广 58.69%	没必要推广 2.34%
7. “专题研练教学模式”对您提高能力	很有帮助 49.30%	有点帮助 47.89%	没有帮助 2.81%
8. “专题研练教学模式”对您学习政治理论	很有帮助 38.50%	有点帮助 57.28%	没有帮助 4.22%

续上表

问题	A	B	C
9. “专题研练教学模式”选择的主题应该	联系实际 92. 49%	紧扣教材 6. 10%	针对考试 1. 41%
10. 您喜欢在哪里上专题研练课	教室 9. 39%	“研练中心” 75. 59%	无所谓 15. 02%
11. “专题研练教学模式”对提高教学效果	十分有效 36. 62%	有效果 60. 56%	无效 2. 82%

广东轻工职业技术学院思想政治理论课学生主体实践性教学改革的实施，实现了思想政治教育双主体的有效结合，促进了师生素质的进一步提升，增强了学生的就业能力，提高了学校的就业水平，为学校的整体进步与发展贡献了自己的力量。思政课教学改革对学生素质的促进作用集中体现在学生思想政治素质、道德素质、心理素质以及语言表达、团队合作能力素质的进步上。

2. 学生就业竞争力增强

通过前文所述各项实践教学法创新，广东轻院思政课教学对于学生思想政治、道德、心理及其他各项人文素养的培养发挥了积极作用。正是建立在这样一种思想政治道德素质与专业素质共同发展的基础之上，广东轻院学生的就业能力才得到了逐年提高，历届毕业生就业率才一直维持在国内同类院校的高水平之上。

不仅如此，长期高位的就业水平反过来又进一步维持了广东轻院招生录取工作常年火爆的局面。2015 年，广东轻院第一志愿报考人数与录取分数连续第 11 年在全省同类院校中名列前茅。这一年，广东轻院文科录取分数为 524 分，理科录取分数为 519 分。文理科出档分数分别高出我省 3A 分数线 98 分和 82 分，文科甚至超 2B 文科录取分数线 27 分。显然，学校的这样一种良性互动发展局面的生成，离不开各院（系）教学水平的持续改进。思政部的思想政治理论课教学改革作用自然功不可没。

3. 教师“教”“研”综合水平明显提高

俗话说：“教学相长。”思政课学生主体实践性教学改革在促成学生素质全面发展的同时，还推动了思政课教师综合素质的提高。思政部在思想政治理论教育教学工作上的大胆改革实践，为大学生思想政治教育教学研究奠定了坚实的基础。根据实践教学的要求，为配合研练课堂教学，思政部教师利用每周教研活动进行专题研讨，围绕教材，根据形势变化出现的热点问题确立专题并进行深入交流。所有这些，对于激发教师们的教学科研热情，提高他们的理论素养产生了积极作用。

教学改革实施4年来，广东轻院思政部教师共有100余篇论文在国内公开物上发表，其中有27篇论文在《思想理论教育导刊》等中文核心期刊上发表；共有34个国家、省、厅、校级课题立项，其中“高职高专思政课研练式教学法运用”获教育部2013年高校思想政治理论课教学方法改革“择优推广计划”项目立项，“高职院校全员协同型思政课实践教学模式的构建与创新”获广东省高职院校教育教学改革项目立项，韩光道参与研究的项目“‘职业普适—专业融合—素质拓展’递进式高职公共基础课改革研究与实践”分获2014年国家教学成果二等奖、第七届广东教育教学成果一等奖，韩光道主持的“高职大学生思想政治理论课实践性教学模式研究”被评为广东轻院高等教育教学成果奖培育项目。我部教师中，4人获广东省高校思想政治理论课青年教师教学基本功比赛二、三等奖，3人获广东省高职高专研究会微课教学比赛一、二、三等奖，32人在校级以上高职教育教学研究论文评比活动中获一、二、三等奖。上述这些成绩从根本上扭转了以往思政部教师教改科研积极性不高的局面。具体进步情况参见图4－2。

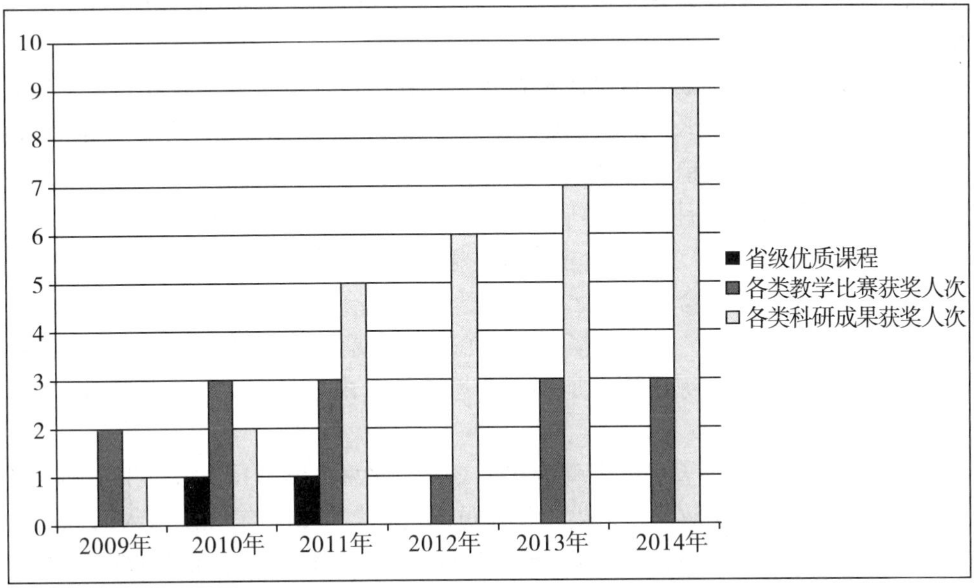

图4－2　2009—2014年广东轻院思政部教师教学科研获奖情况

4. **社会反响良好**

（1）督导意见。为了解改革效果，学校督导随机选取了不同专业、不同年级的学生召开了3次座谈会，重点听取了学生对研练中心授课质量的评价和建议。通过面谈，他们了解到：学生们一致肯定了思想政治研练课的探索是成功的，大部分学生都认为研练式教学使他们改变了过去对思想政治课不重视、不感兴趣的看法，学到了以往课堂上学不到的东西。在随后撰写的《研练教学：高职思政课教学模式的创新性探索》调研报告中，他们总结了思政课研练式教学的三大优势。

一是创设学习情境、活跃课堂气氛。走进思想政治道德心理素质研练中心的每一个教室，学生或置身于当年的革命斗争氛围和历史环境，或融入学习情境，学习气氛马上就活跃起来。

二是研练式实践教学，提高了学生对思政课的学习兴趣。通过组建学生学习小组，小组与小组之间互相提问，互相回答解决问题，在交流中学习，在交流中解疑的学习模式，培养了学生分工合作的团队精神。课前学生自己找资料、做课件、上台演讲，拉近了师生间的距离，活跃了课堂气氛。这种教学方法，充分挖掘了每个学生的主观能动性，体现了学生在教学中的主体作用，教师的组织引导、归纳、点评、总结深化了所学知识，起到了主导作用。

三是思想素质提高快，教学效果明显。锻炼了学生的口才和胆量，提高了学生的动手能力，把学生带入人生道理体验的轨道，使枯燥乏味的单纯理论内容得到激活。学生对教学内容掌握全面，记忆深刻，到课率大大提高，教学效果明显改善。

（2）专家认同。研练式教学改革在实施过程中还获得了一些业界知名专家的高度认同。2009 年 11 月，研练式教学改革启动之初，中国社会科学院学部委员、马克思主义研究院院长程恩富教授亲自莅临广东轻院，在参观完研练中心后，他肯定地谈到“研练中心是一项创新工作”，“希望能继续完善和光大”。

同年 12 月，教育部思想政治理论课教学指导委员会副主任委员、广东省高等学校思想政治教育研究会原会长、中山大学思想政治教育专业博士生导师郑永廷教授在参观研练中心后，高度赞扬研练中心的创办是开展思想政治教育实践性教学的一个创举，认为研练式教学是“创新思政教育内容与方式，增强教育实效”的好载体。

2014 年 7 月，我国著名思想政治教育专家、北京大学教授、博士生导师、马工程首席专家、全国思政课教指委主任委员陈占安教授到广东轻院深入研练课堂参观指导工作，对广东轻院思政课教学方法改革给予了肯定。他在题词中说：“思政理论课如果能够这样搞多好啊！”

（3）领导肯定。广东轻院思政课学生主体性研练式教学改革的顺利推进与实施，离不开教育部、教育厅及学校等各级领导的支持与肯定。

2010 年，教育部社科司原司长助理邓传淮到广东轻院研练中心参观指导工作，对广东轻院创建“研练中心”，创新思想政治教育教学方法也同样给予了充分肯定。他指出：“广东轻工职业技术学院创建‘研练中心’的做法方向正确、理念超前、举措具体，是高校大学生思想政治教育非常成功的典型经验，探索中的理念、思路非常符合《国家中长期教育改革和发展规划纲要（2010—2020 年）》和中共中央国务院召开的全国教育工作会议精神。”2011 年，广东省教育厅李小鲁巡视员专门到广东轻院检查指导思想政治教育工作，在深入课堂了解广东轻院思想政治理论课实践性教学，全面听取广东轻院大学生思想政治教育工作情况汇报后，指出：“职业教育的德育创新是立了题、破了题，但怎么样成题出硕果，还有艰难的探索之路要走，在这里我看到了希望的光明!”

同行的广东省教育厅思政处袁本新处长、朱建华副处长，在参观广东轻院“大学生思想政治心理品德素质教育研练中心”后，还直接深入研练课堂，对思政部陈爱华老师的研练课进行了现场观摩。通过现场听课，他们对广东轻院创办“研练中心”，运用现代化教学手段，以学生为主体的教学模式给予了充分肯定，认为广东轻院党政领导十分重视大学生思想政治教育工作，把它摆到了十分突出的位置；思政部领导具有改革创新意识和能力，在实践教学形式上进行了创新性探索；思政部教师在教学中表现出了锐意探索的进取精神，提高了思政课教学的针对性和实效性。

（4）示范引领。在开展思想政治课的研练教学改革过程中，广东轻院与很多兄弟院校开展了深度交流，所开展的教学模式得到了同行的广泛认同。自 2010 年以来，南京交通技师学院、芜湖职业技术学院、陕西职业技术学院、广东水利电力职业技术学院、广东外语外贸大学等 396 所本科和高职高专院校先后派代表到广东轻院“研练中心”学习交流考察。仅 2014 年 7 月在广东轻院召开的“全国高职高专思政课建设联盟会议”期间，到研练中心参观交流学习的院校就有 126 所。前来参观学习的院校代表，都高度评价广东轻院的教学改革先进经验。如：天津轻工职业技术学院的代表认为，“广东轻院确实引领思政教学朝向，实地考察受益颇深”；江西机电职业技术学院的代表认为，“研练式教学法确实大有可为”；青海警官职业技术学院的代表认为，“思政教学创特色，全员育人建功业”；广东药学院的代表认为，“思政课实践教学探索新模式，育人之路哺育新一代”；罗定职业技术学院的代表认为，“来此参观学习，感受颇深、不虚此行，向广东轻工职业技术学院学习，认真做好实践教学!”有的学校还开始效仿广东轻院也建立了类似的“研练中心”，开展实践性教学。随着时间的推移，广东轻院学生主体性研练式教学改革的对外示范效应还会进一步扩大。

（5）成果推广。广东轻院思政课学生主体性练式教学改革成功实践后，先后在省级、国家级会议上获得推广。2012 年 3 月 26 日下午，广东轻院党委书记王新新应邀出席广东省高校思想政治理论课建设经验交流会，并作为 3 所省内高职院校之一做了典型经验交流发言。会上，王新新书记重点对广东轻院创建大学生思想政治教育“研练中心”，构建研练式互动型教学模式，走出一条具有轻院特色的思想政治理论课实践教学改革之路的先进经验进行了介绍，赢得了与会代表的广泛赞同。这次发言，显示了广东轻院思政课研练式教学改革在省内的影响与地位。

2013 年 6 月 13 日下午，应教育部社科司邀请，思政部韩光道教授在北京国家教育行政学院为 2013 年第四期全国高职高专骨干教师培训班做思政课建设专题报告。他以《实施“三个协同”着力提高思想政治理论课教学实效性》为题，对广东轻院思想政治理论课教学改革和对大学生实施协同教育的理论依据、方法路径、取得成效，以及经验体会进行了分析介绍，并回答了教师们的有关提问。报告同样受到了与会教师们的赞扬和好评。该报告表明，广东轻院思政课研练式教学改革创新不仅得到了教育部的肯定，而且在全国范围内开始发挥示范效应。

2014 年 6 月 11 日上午，韩光道教授再次应教育部社科司邀请，在北京国家教育行政学院为 2014 年第四期全国高校骨干教师研修班做“2013 年高校思政课教学方法改革‘择优推广计划’”入选项目成果推广报告。报告通过对广东轻院创新思政课教学改革工作思路，创建“研练中心”，创造“研练式教学方法”，着力提高思想政治理论课教学实效性的理论依据、方式方法、研练案例、取得成效，以及主要经验的介绍宣讲，成功推广了广东轻院思政课教学改革的丰硕成果。

2015 年 4—12 月，韩光道教授先后受高等教育出版社，高等学校思想政治理论课教学指导委员会、上海市教育委员会，全国轻工行业职业教育教学指导委员会、云南省教育厅关工委邀请，分别在重庆、北京、上海、广州、昆明等地，就高职院校思政课实践教学改革问题做专题报告或专题发言，使思政课教学改革成果经验在业界得到了广泛分享。韩光道教授于 2015 年 6 月和 9 月，先后被评为全国“高校思政课教师 2014 年度影响力标兵人物”和“南粤优秀教师”荣誉称号。

（6）媒体宣传。2010 年，广东教育杂志社记者魏家坚等对大学生思想政治心理品德素质研练中心进行深度采访，并以《“一廊四室”模式，让学生爱上思想政治教育课》为题作为广东教育一大亮点，在《广东教育·职教》第一期上进行了深层次的报道。

2015 年 1 月 19 日，《光明日报》以《信仰有根基课堂有意思——高校思想政治理论课建设站上新起点》为题目，在对 2014 年中央 16 号文件发布以来我国高校思想政治理论课建设情况进行回顾总结时，对广东轻工职业技术学院针对高职高专特点，开展思政课教学方法改革，创造“思政课研练式教学法”的先进做法给予了点名赞扬报道，充分肯定了该方法在思政课建设中所起的重要作用。

第五章　高职公共英语课程改革研究与实践

一、高职公共英语课程改革背景与发展历程

近年来，随着高等职业教育改革不断向纵深方向推进，人们越来越深刻地认识到高职公共基础课程在构建职业教育体系及高等职业教育发展中的地位和作用。教育部教育司前司长张尧学于2009年7月在高等职业教育改革与发展讲座上的讲话中指出，高职教育要强调两个系统：“一个是培养学生实践动手能力的系统；再一个就是要培养学生可持续发展能力的基础知识的培养系统。我们既要重视实践又要重视基础知识。要系统地设计这两个体系的课程，真正为我们的人才培养目标服务。”世界经济的全球化及我国经济的快速发展使得培养能适应外向型经济的高技能人才成为我国高职英语教育的重要使命。高职英语课程作为我国高等职业教育必修的一门公共基础课程，对学生未来就业岗位英语应用能力的提高、综合素质的培养以及可持续发展能力都起着重要作用。高职公共英语教学如何真正适应区域经济发展和产业结构调整的需要，使学生更好地达到相关专业技术领域职业岗位（群）的任职要求，是高职公共英语课程要解决的核心问题。

（一）广东轻院公共英语课程的改革背景

1. 改革的驱动因素

（1）政策引导。

《国家中长期教育改革和发展规划纲要（2010—2020年）》中指出，要大力发展职业教育，发展职业教育是推动经济发展，促进就业的重要途径，必须摆在更加突出的位置。作为职业教育课程体系中重要组成的英语教育，在新时期也面临着新的机遇和挑战。在新的历史条件下，高职公共英语教学如何服从于职业教育的教育规律，以就业为导向、以职业岗位要求为依据设计教学内容和目标，开展有针对性的职业和行业英语教学，即将英语教学和学生将来的职业联系起来是高职公共英语教学改革发展的必然趋势。

（2）区域经济发展和企业用人的需要。

广东是我国改革开放的先行省份，有毗邻港澳的地缘优势和侨胞遍及世界各地的有利条件，其经济的最重要特点是外向型。目前，珠江三角洲地区的国民生产总值约一半是通过国际贸易来实现的，外贸出口总额占全国的10%以上，不少企业的绝大部分产品供应国际市场。广东区域经济的发展使很多涉外企业需要大量的能用英语进行沟通交流的复合型人才。

（3）行业企业的大型调研结果。

广东轻院公共英语课程教学团队从2006年开始对用人单位、在校生、教学管理部门和2003级至2005级共2 000多名学生做了大量的调查研究。调查结果显示，我校毕业生所在的工作岗位中，36%的学生从事与涉外活动相关的工作，31%的学生在工作中偶尔接触到英语，这些岗位要求学生具备基本的职业英语交际能力。调查中，也有24%的学生认为他们的英语能力完全不能满足岗位需求，这说明随着社会的发展，企业对毕业生英语应用能力的要求日益提高，高职院校在英语教学的应用性和职业性方面依然有很多值得改进的地方。英语知识和技能的教学应该更具针对性，更多地着眼于学生未来的工作需要和个人职业生涯发展。这一现状对新时期的高职英语教学提出了新的课题和新的要求，高职公共英语教学改革势在必行。

（4）信息技术为新的教学模式提供了条件。

20世纪90年代以来，以计算机、多媒体技术及网络技术为中心的信息技术在高等学校教学中迅速发展，引发出一场新的教育技术革命，信息技术与课程整合成为教育教学改革的新途径、新潮流、新趋势。现代信息技术应用于高职英语教学，不仅使教学手段实现了现代化、多样化和便捷化，也促使教学理念、教学内容、教学方式等发生改变。特别是近几年兴起的慕课、微课为高职英语教学提供了全新的学习方式和前所未有的丰富资源，为实施基于课堂和在线网络学习的翻转课堂等混合式教学模式提供了条件，使学生朝着主动学习、自主学习和个性化学习方向发展。

2. 改革中需要解决的问题

近年来，高职高专院校在规模扩张的同时，在教育理念、办学模式、人才培养模式的研究与探索等方面都取得了巨大的成就。但是，随着高职教育发展和改革的深入，国家职业教育体系的构建，我校公共英语课程改革亟待解决以下两方面问题。

（1）高职公共英语课程定位问题。

高等职业教育是高等教育的一个重要类型，肩负着培养面向生产、建设、服务和管理第一线需要的高技能人才的使命。高职英语课程在培养学生实际应用语言技能、用英语处理与未来职业相关业务能力、职业可持续发展能力、终身学习等方面起着不可替代的作用。

根据高职教育性质与目标，在高职公共英语课程改革中，我们重点考量该课程作为一门必修基础课如何面向专业、服务专业的问题，以凸显其价值取向上职业性与高等性统一、课程体系上公共性与特殊性统一、教学内容上“必需与够用”原则统一的特点。

（2）现行教学模式如何满足学生多元化学习需求的问题。

我校的公共英语课程主要面临以下四个方面的挑战：一是学生规模大、师资严重不足；二是专业数量多，面向行业种类多；三是生源来源复杂，有普高生、三校生（中职、技校、职高）、艺术生、单招生、中高衔接班、高本衔接班等六类生源；四是学生的英语学习能力基础差异大。针对上述问题，要考量如何改变传统的教学模式，实施“统一要求、分类指导”，充分发挥现代化信息技术在语言教学中的优势，形成新的教学体系和考核评价模式，适应入学英语水平不同、就业层次不同、学习能力不同和个人发展目标不同的学习者的需求，满足行业企业对高职人才岗位英语能力的需求。

（二）广东轻院公共英语课程的发展历程

高职教育作为高等教育的一个重要组成部分，有着自己独特的培养目标和教育模式，如何实现高职人才培养目标中的人才的高等性、知识能力的职业性、人才类型的技术性取决于高职公共基础课程和专业课程有机融合的改革与创新，特别是公共基础课程对实现高职培养“高素质技能型人才”目标发挥着不可替代的作用。因此，我校的公共英语课程教学团队积极探索、不断改革，经历了从注重“语言知识传授”到注重“语言应用能力培养”，从“单一培养模式”到“复合培养模式”的发展过程，以适应高职教育特点，满足学生未来实际岗位的需求。

1. 起步阶段（1999—2001 年）

从 1999 年广东轻院升格为大专院校，就开设了大学英语这门课程，当时的课程教学是模仿本科大学英语课程进行，主要是以传授知识的传统教学模式为主，无形中变成了本科大学英语教学的“压缩饼干”。之后依照高职高专英语教育基本要求，广东轻院的大学英语教学也随之进行了相应的改革，取得了一定的成绩。但是大学英语课程教学仍然存在本科大学英语教学“压缩饼干”的影子，而且教学内容、教学模式等也不能顺应时势发展的需要，教学改革势在必行。

2．发展阶段（2002—2006 年）

随着高职教育的飞速发展，广东轻院的学生人数不断增加，根据实际情况，广东轻院对大学英语教学不断地做出改革与探索。从教学模式、教学内容、教学方法及教学条件等几方面进行了大胆的尝试，尤其是在教学内容方面，注重学生英语交际能力的培养，并以“高职高专英语课程教学改革的探索与实践”项目为标志，探索出大班教学、分级教学的新教学模式。历时数年的改革与实践，取得了可喜的成绩。在此阶段，完成教学改革和科研项目 4 个，编写并出版教材 7 部，公开发表论文 15 篇，学生全国英语应用能力考试通过率在广东省名列前茅，2004 年“大学英语”评为校级优秀课程。但是还未能形成一个具有高职教育特色的英语课程体系，有待于进一步的改革提高。

3．创新阶段（2007—2012 年）

在此阶段，基于大量社会调研，根据广东区域经济发展的需要及企业行业各岗位对人才的外语能力的新要求，广东轻院将公共英语教学改革进一步深化，开创以职场英语技能培养为主线，依据学以致用、学以管用的原则，选取紧扣职业岗位实际需求的教学内容，构建“职场、情境、体验为中心的三课堂相结合”的教学用一体化的教学模式。初步形成具有高职教育特色的公共英语课程体系：职业普适（基础英语阶段）—专业融合（职业英语阶段）—素质拓展（行业英语阶段）。这是公共英语课程教学改革的新突破，更加注重了高职教育特点，将职业技能英语融入课堂教学中，加强学生视听说能力与交际能力训练，突出岗位英语技能的培养，使课程教学上了一个新的台阶，取了显著的成绩，得到社会企业行业用人单位的好评。在此阶段，立项或完成的教改项目 26 个，建设精品课程 8 门、网络课程 14 门，编写并出版教材 15 部，公开发表论文 67 篇。学生在全国高职高专实用英语口语大赛广东赛区获得特等奖，全国总决赛一等奖。

4．信息化发展阶段（2012 年至今）

教育信息化是人类教育史上一次历史性革命，对促进教育模式、教育过程的变革以及教育资源的优化配置发挥着重要的推动作用。2008 年，慕课（大规模在线开放课程 Massive Open Online Course，简称 MOOC 或慕课）横空出世，以其开放性和大规模性迅速席卷全世界，成为改革传统教育模式的新力量，它被斯坦福大学校长评价为人类教育史上“一场数字海啸”。2012 年，大型基金会、高校以及教育企业开始与慕课项目开展深入合作，大大推动了慕课的快速发展，也使 2012 年成为“慕课之年”。在这一阶段，我校顺应教育时代的变革，积极探索信息化教学改革。一方面，我们引入“朗文交互英语学习平台”，探索基于课堂与课外网络学习相结合的混合教学模式；另一方面，开发了高职公共英语课程数字化教学资源库。新技术手段的使用，大大促进了学生学习方法和过程的改变和进步，使课堂教学得到了有效扩展和延伸。

二、高职公共英语课程改革的实践探索

（一）广东轻院公共英语课程的改革理念与思路

广东轻院公共英语课程改革以行业企业调研结果为依据，“面向专业、服务专业，能力本位，学用结合”理念为指导，职场英语技能培养为主线，选取紧扣职业岗位实际需求的教学内容，构建“职场情境体验为中心，课堂教学与网络辅助学结合”的教学模式，运用任务型教学、情境教学、案例教学、头脑风暴等多种教学方法，采用“教师教学记录袋 + 学生学习档案袋+职业情境英语综合应用能力考核”评价体系，使学生具备未来从事职业活动所需的基本语言技能、帮助他们获得合理的知能结构，同时注重培养学生从事职业活动所需要的方法能力、社会能力和关键能力，为学生提高就业竞争力和可持续发展打下良好的基础。

（二）广东轻院公共英语课程的改革内容

高职英语教学是高职教育中的一个重要环节，是培养高素质技能型人才的重要标志之一。高职公共英语具有职业性和高等性的双重属性，既承担着学生基础能力和综合素质培养任务，又为学生专业学习奠定基础。在改革中，我们按照语言习得规律，以影响课程教学的各种教学因素（教学目标、教学内容、教学资源、教学方法、考核评价等）为切入点进行改革方案设计，形成具有我校特色的高职公共英语教育基本框架。

1. 高职公共英语课程功能定位及教学目标

（1）功能定位。

课程的性质：高职英语是适用于高职院校非英语专业学生的一门必修公共基础课程。根据学校的总体办学目标，本课程的定位是以能力培养为核心，以职场英语交际为目标，以岗位英语技能为主线，面向广东中小企业和以轻工业、现代服务业为主体的生活产业一线相关的涉外岗位（群），使学生掌握各行业企业涉外活动中通用的英语交际技能。

课程的作用：培养高职生在实际职业岗位中应用英语的能力，增强学生的自主学习能力和跨文化交际意识，提升学生就业竞争力，为学生的职业生涯及可持续发展打下良好的基础。

（2）教学目标。

掌握高职英语学习者的学习需求和目标需求，对高职公共英语课程教学的目标设定、内容选择、课堂组织模式和课程评价起着至关重要的作用。广东轻院公共英语课程改革小组在分析需求理论指导下，通过对广东省区域经济发展需求、行业企业需求及毕业生就业岗位技能需求分析，确立了毕业生未来就业岗位群所需具备的英语知识目标、能力目标和职场素质目标（见表5－1）。

表5－1　广东轻院公共英语课程教学目标表

目标	目标描述
知识目标	（1）了解各行业企业涉外活动的相关知识，如商务礼仪和交际技巧等； （2）了解目标职业岗位所需的知识和技能； （3）了解目标职业岗位工作流程和发展趋势； （4）掌握各行业企业涉外活动中所需的听、说、读、写、译等基本语言技巧； （5）掌握与职业岗位相关的词汇、常用语、基本句型及应用文写作知识
能力目标	（1）能听懂日常交际和职业岗位中的英语对话和陈述； （2）能在日常生活和职业岗位中用英语进行口头交流； （3）能正确阅读和理解与职业岗位相关的中等难度实用文字资料； （4）能用英语撰写商务应用文如信函、公司简介、商务合同及个人简历等； （5）能借助工具翻译与职业岗位相关的文字材料，译文必须达意； （6）能借助工具书、计算机、网络英语平台及其他英语教学资源进行学习； （7）能根据职业岗位变化的需要，及时进行自主性的英语学习
职场素质目标	（1）爱岗敬业、责任心强、吃苦耐劳； （2）尊重他人及文化传统、言谈举止得体； （3）全面、细致的工作作风，热情、周到的待客之道； （4）具有团队精神和协作意识； （5）勇于接受工作挑战，积极应对职场压力； （6）与时俱进，及时调整自我知识结构

2. 构建“职业普适—专业融合—素质拓展”的递进型高职公共英语课程体系

“以就业为导向，市场需求为目标”是高职教育的核心，因此其课程体系和课程结构设计应充分体现以就业为导向、以能力为本位的人才培养特点，满足专业人才培养的要求。作为高职教育组成部分的高职公共英语，其课程体系的建设应以社会需求分析为基础，通过对职业岗位要求、工作任务、工作过程、职业能力进行分析，构建出以职业岗位英语技能培养为主线，融个人专业能力发展需要与英语学习为一体的“职业普适（职业英语类课程）—专业融合（行业英语类课程）—素质拓展（英语拓展类课程）”的递进式高职公共英语课程教学体系（见图5－1)。该课程体系突出体现三个特点：一是课程开设的系统性，二是与专业教育的衔接性，三是因材施教与循序渐进。

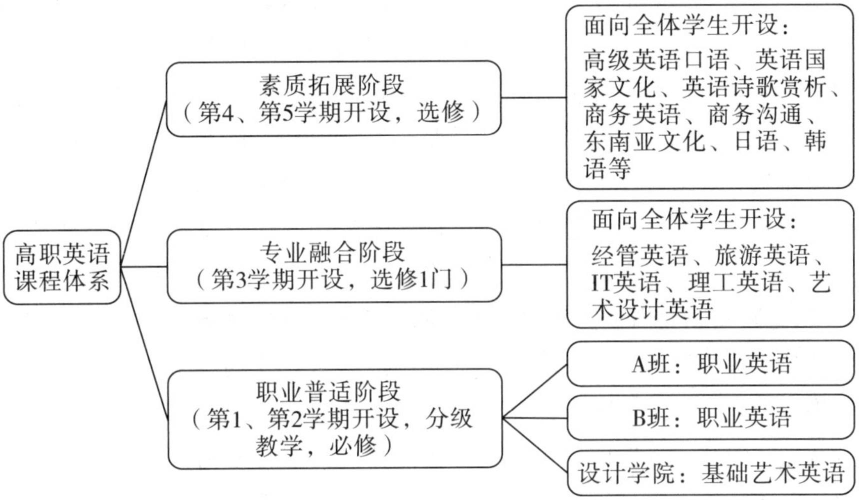

图5－1　递进型课程体系

第一阶段为职业普适阶段（职业英语类课程)。该阶段为各专业学生必修课程，教学安排在第1、第2学期，共10个学分。采用分层教学方式开展教学，即根据学生英语高考成绩和入学成绩，将全校各专业学生分为A班、B班和艺术班三类层次，对不同学习能力层次的学生提出不同的教学目标和要求。该阶段培养学生未来就业岗位所需要的职场通用英语能力，注重职场基础英语能力的培养和训练。

第二阶段为专业融合阶段（行业英语类课程)。该阶段为各专业学生限制选修课程，安排在第3学期，30学时，1.5学分。依据我校专业人类，开设经管英语、理工英语、IT英语、旅游英语、艺术设计英语五个类别的行业英语课程，每个学生必须选修1门课程。该阶段主要根据各专业所属特定行业对英语的需求设计教学内容，重点培养学生掌握未来就业行业的专业术语及基本的行业英语听、说、读、写、译的能力，以更好地服务于学生的专业发展。

第三阶段为素质拓展阶段（英语拓展类课程）。此阶段在第4、第5学期开设，以选修课形式进行，每门拓展课程30学时，2个学分。要求学生至少完成1门课程的学习，获得1.5个学分。在此阶段，主要为学生广泛开设英语拓展类课程，培养学生英语文化素养，提高学生综合素质。该阶段拓展性课程以选修课形式开设，学生从第4学期开始直到毕业前，都可以根据自己的兴趣、能力和需要，自由选择1门或多门课程。其中拓展课程包括：英语国家文化、跨文化交际、英语口语、影视英语、英语演讲、英语视听说等。

基于职业能力培养的递进型高职公共英语课程体系充分考虑了高职公共英语课时少和学生基础参差不齐的现实基础，从时间跨度上保证了学生在校三年英语学习的不间断，为他们培养未来职业岗位所需的英语能力打下了基础，又注重了各专业人才培养目标的实际需求。从教学内容上看，本体系将公共英语教学与职业、行业知识有机结合，既有专业通适性的职场英语学习内容，又有针对不同行业、不同专业的模块技能英语及专业英语学习的内容，突出了高职公共英语课程的服务性地位，为学生今后的就业以及英语的后续学习和发展奠定了基础。

3. 构建紧扣职业岗位实际需求的高职英语教学内容体系

语言教学课程设计必须反映一个国家和地区对人才的要求，否则这个教学课程设计将会失去意义。广东省因其人文、地理和经济等原因，高职教育的发展具有自身特点。因此，我们以广东省行业企业社会需求分析为基础，通过对职业岗位要求、工作任务、工作过程、职业能力进行分析，然后进行教学内容设计，再进行教学实施这样一个开发流程来对课程教学内容进行开发设计（见图5-2）。

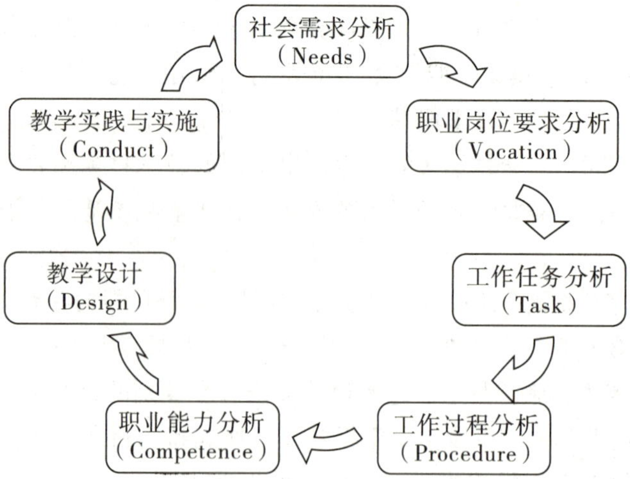

图5-2 课程开发流程图

我们的具体做法是：一方面对广东省行业企业需求进行分析，另一方面我们组织课程团队成员对我校2004级、2005级、2006级共2 000名毕业生进行跟踪调研，通过对毕业生工作岗位类型，英语水平对薪资、晋升和发展的影响，工作中使用英语的具体场景，工作中经常接触的英文资料，个人职业能力发展需要五方面的调查，来分析所从事的职业岗位要求、岗位工作任务、工作过程及职业能力，筛选出毕业生实际工作岗位所涉及的四大模块20个岗位英语技能点，以“能力为本位，教学用结合”理念为指导，根据涉外工作岗位群使用英语场景的共性特征，按照职场工作过程和语言习得规律来整合、重构课程教学内容和编排能力训练项目、任务，改变传统的以语言知识传授为主的高职英语课程内容，构建具有明显高职特色的公共英语课程内容体系（见表5－2）。该课程内容体系以职场英语技能培养为主线，融个人职业能力发展需要与英语学习为一体，不但使学生具备未来从事职业活动所需的基本语言技能，帮助他们获得合理的知能结构，同时注重培养学生从事职业活动所需要的方法能力、社会能力和关键能力，为学生提高就业竞争力和可持续发展打下良好的基础。

表5－2　“职业英语”课程教学内容表

内容模块	单元序号	能力训练项目名称	能力训练任务名称	学时安排
入职准备	1	Adapting to New Environments	任务1－1：自我介绍与相互介绍	2
			任务1－2：熟悉环境	2
			任务1－3：独立生活与学习	2
	2	Handling Personal Information	任务2－1：填写个人信息	2
			任务2－2：个人信息交流	4
			任务2－3：开通个人博客	2
	3	Planning Your Career	任务3－1：未来职业生涯设想	4
			任务3－2：如何实现职业目标	4
	4	Hunting for a Job	任务4－1：获取招聘信息	2
			任务4－2：制作个性化简历	4
			任务4－3：应聘	4

续上表

内容模块	单元序号	能力训练项目名称	能力训练任务名称	学时安排
办公室事务	5	Making and Responding to Invitations	任务 5－1：书写邀请函	2
			任务 5－2：回复邀请函	2
	6	Receiving Visitors	任务 6－1：接待外宾	4
			任务 6－2：主持欢迎会	4
	7	Managing Office Affairs	任务 7－1：接打电话和留言	2
			任务 7－2：写常用文书	4
	8	Organizing Meetings	任务 8－1：会议安排与组织	4
			任务 8－2：会议文书的写作	4
	9	Making Business Trips	任务 9－1：酒店、机票的预订	2
			任务 9－2：旅行日程安排	2
公司业务	10	Introducing a Company	任务 10－1：介绍某具体公司的基本情况	2
			任务 10－2：建立并介绍自己的虚拟公司	8
	11	Making Business Association	任务 11－1：寻找新客户和商业伙伴	4
			任务 11－2：跟踪新客户	4
	12	Promoting Products and Services	任务 12－1：推销某产品（如手机）	2
			任务 12－2：推销某服务（如餐饮）	2
	13	Attending Fairs	任务 13－1：做好参展准备	3
			任务 13－2：参加会展	4
	14	Negotiating	任务 14－1：谈判准备	3
			任务 14－2：商务谈判	4
	15	Contracts	任务 15－1：草拟合同	4
			任务 15－2：签订合同	4

续上表

内容模块	单元序号	能力训练项目名称	能力训练任务名称	学时安排
企业文化与礼仪	16	Interpersonal Skills and Cooperation	任务 16－1：与人交往	6
			任务 16－2：与人合作	4
	17	Culture and Etiquettes	任务 17－1：熟悉公司文化	2
			任务 17－2：模拟职场礼仪	4
	18	Business Ethics and Integrities	任务 18－1：评析商业道德和诚信	4
			任务 18－2：探讨企业社会责任	2
	19	Modern Administration	任务 19－1：熟悉公司管理章程	2
			任务 19－2：虚拟公司的管理	8
	20	Dealing with Work Problems	任务 20－1：分析职场矛盾与冲突	4
			任务 20－2：解决职场矛盾与冲突	4
合　计				146

4．探索"以职场情境体验为中心，课堂教学与网络辅学结合"的教学模式

为了更好地培养学生适应未来就业岗位工作对英语的需要，我们在课堂教学中，把相关的教学内容模拟职场情境，采用项目教学、任务教学、问题教学、角色扮演等方法开展教学，为学生创设使用英语的职场环境，培养学生在职场活动中运用英语的能力。

与此同时，我们还通过建设外语虚拟情景实训室，引入"朗文交互英语学习平台"，与广东省教育考试院合作将高等教育出版社出版的《高级职业英语》教材开发成在线网络课程等途径，积极开展利用信息化手段将课堂教学与网络学习结合的探索。丰富的网络资源、便利的手机 APP，把教学地点从课堂→课外延伸，使移动学习、自主学习成为可能，改变了传统单一的课堂教学模式，让学生充分体验职场情境，强调教学用的有效结合。这种教学模式不仅充分调动了学生的学习积极性，使学生具备未来职业发展所需要的基本英语技能和英语实际运用能力，而且能更好地培养学生的职业能力、综合能力和职业素养，满足了企业行业对高职人才的需求。

5．开发高职公共英语课程教学资源库，搭建自主学习平台

根据"职业普适—专业融合—素质拓展"课程体系的要求，建设开发了我校高职公共英语课程教学资源库，涵盖 17 门网络课程和 1 个朗文交互英语学习平台，资源类型包括课程标准、教学进度安排、教学课件、教学内容、电子课件、重难点提示、在线测试、习题库、职业情境资源库、行业英语词汇库、行业发展动态资源库、音频视频资源库、互动交流等丰富的学习资源，为学生基于网络环境下的自主学习提供了必要的条件。学生可以根据自己的学习需要、确定学习目标、设置学习内容和进度、选择学习时间与地点、自己监控学习过程、总结整理已学内容、进行学习效果评估。教学资源库中图文并茂的音频、视频资源充分调动了学生的学习积极性，达到较好的教学效果。一方面满足了学生的个体需求，让学生在英语水平测试的基础上，征求教师的指导意见，选择恰当的学习起点，制定学习目标；另一方面让学生自行设定学习时间长度，对于没有掌握的知识点反复操练学习。通过网络自主学习方式，可以实现弹性教学，实现学生的个性化、自主化学习，学生可以根据各自的实际程度和英语学习需求以及老师的要求选择合适的学习内容，从而达到提高英语语言应用能力的目的。

6. 开发基于课程标准的高职公共英语课程教学资源库

根据各专业学生未来就业岗位所必需的英语知识和能力解构课程内容，广东轻院开发了适用于4个专业大类（机电类，轻化类，经管类，艺术设计类）的课程标准；建设了省级精品课程“职业英语”1门，教指委级精品课程“高级职校级英语”1门，校级精品课程“高职营销英语”“视听英语”“工业英语”“综合英语”，网络课程“英语语音”“英语国家社会与文化”“大学英语”“英语语法与写作”“综合英语”“职业英语”“工业英语”“求职英语”“英语单词学习与记忆”“影视英语”，让学生自由自主地选择学习资源。2012年在省级精品课程建设成果的基础上“职业英语”精品课程转型升级，建设课程资源系统、完整的精品资源共享课，为学生提供更为丰富的课程资源；编写了与各专业大类要求相适应的校本教材，创建了包括课程标准、教材、课件、行业发展动态等内容的网络学习与互动平台，课程教学初步实现网上答疑及学习者自主学习，以满足各专业学生学习的需要。

7. 实施以证代考、形成性评价与终结性评价结合的考核评价体系

科学合理的教学评价是检验教学效果的重要途径，也是教学改革实施的保证。为了更好地体现高职英语课程的设计理念，在以人为本的整体性评价观的指导下，根据高职英语课程的具体特点，我们对课程的考核方式和考核内容等方面进行了较深入的研究和改革。考核既要反映职业英语教学的教学水平，又要合理体现学生的综合素质和语言能力，避免传统考试的局限性，更客观、更全面地对学生的知识、素质和职业能力进行全方位的评价。通过考核，学生可以了解自身已经具备的素质和能力，教师可以了解教学效果，从而对促进学生的学习和教师的教学都有积极的作用。

因此，在设计考核评价体系时，既强调终结性评价，以高级职业英语能力证书考试结果代替传统的期末考试成绩；也注重形成性评价，特别是课堂讨论、小组交流、汇报展示、师生互动阶段的评价，关注学生的学习过程；同时重视对学生网络自主学习的评价。此外，根据学生英语等级和层次不同，安排不同的考核评价方案。具体安排如表 5－3 所示。

表 5－3　考核评价方案表

学生英语等级和层次	评价方案（总评等于）	备注
A 班学生	60% 考证成绩＋30% 网络学习成绩＋10% 平时成绩	1 学年课程
B 班、艺术设计学院学生	60% 考证成绩＋20% 网络学习成绩＋20% 平时成绩	1 学年课程
中高衔接班学生	30% 考证成绩＋40% 期末考试＋30% 平时成绩（含网络自主学习）	1 学年课程
现代学徒制班学生	60% 期末考试＋40% 网络学习成绩	1 学期课程
高本衔接班学生	60% 考证成绩＋30% 网络学习成绩＋10% 平时成绩	2 学年课程

（三）高职公共英语课程改革实施成效

我校高职公共英语课程教学从 1999 年开始探索改革，经过 10 多年的努力，取得了丰硕成果，主要表现在课程建设卓有成效，学生英语应用能力得到大幅度提高，课程组教师素质得到明显提升，科研成果较为丰硕，为学校树立了良好的社会形象。

1. 教学改革成果丰硕

（1）“职业普适—专业融合—素质拓展”高职公共基础课改革研究与实践获国家教学成果奖二等奖、广东省教学成果奖一等奖。

（2）“高等职业教育英语教学改革与发展研究”获国家教学成果奖二等奖、广东省教学成果奖一等奖。

（3）“职业英语”课程获省级精品课程、省级精品资源共享课程称号。

（4）“基于网络语言交互课程的大学生自主学习能力培养的研究——以朗文交互英语（LEI）网络课程实践为例”获教育部职业院校外语类专业教学指导委员会优秀教改课题。

（5）《职业英语教学资源库》获广东省高等学校教学技术学会举办的优质教学资源评选三等奖。

（6）“高职高专英语听说课程教学改革与研究”获得校级教学成果二等奖。

（7）“大学英语”课程被评为校级优秀课程。

（8）17门课程获校级网络课程立项建设。

2. 学生英语应用能力大幅度提高

（1）改革后，我校学生在全国英语应用能力考试和广东省高级职业英语能力认证考试中过级率居于广东省高职院校前列。

（2）学生在省级以上大赛中获奖多项，其中，在“2012年全国职业院校技能大赛”中，赖春慰同学代表广东省参加全国英语口语大赛获公共英语组一等奖；近5年来，在全国高职院校英语写作大赛中9名学生获一等奖，5名学生获二等奖；在广东省高职院校英语口语大赛中，获特等奖1名，一等奖2名，二等奖1名，三等奖1名。

（3）课程受益面广，为社会培养了大批优秀的涉外应用型人才，为学校树立了良好的社会形象。如我校酒店管理专业的毕业生有8位担任五星级酒店的大堂副理、1位国际“金钥匙”，9名学生被新加坡Fish & Co西餐厅录用，他们良好的英语水平受到雇主的好评；艺术设计学院、经济系、食品系先后有32名学生的英语水平达到澳大利亚大学入学水平要求，顺利进入澳洲就读大学；旅游系1名学生达到英国曼彻斯特城市大学的录取要求；管理系有16%的学生由于出色的英语水平而被三资企业录用。

3. 师资队伍的职业素质和教学科研能力明显提高

（1）教学团队“双师”素质提高、结构优化。

在学校政策和公共英语课程教学改革的推动下，为了更好地落实“以能力为本位，教学用结合”的教学理念，实现用英语进行职场交际的目标，公共英语课程教学团队利用寒暑假时间深入企业专业实习近80余人次，通过直接参与企业相关活动，提升了教师的专业实践能力、交流和表达能力、团队协作能力、解决问题能力，“双师”素质得到明显提升；另一方面团队还积极进行兼职教师队伍建设，从企业直接聘请经验丰富的行业专家9名作为兼职教师充实到教师队伍中来，进一步优化了“双师”结构，提高了我校公共英语课堂教学质量。据统计，目前公英教师中“双师”素质占教师总数的71%，课程负责人吴寒教授获“南粤优秀教师”称号，19名教师晋升副高以上职称，全部教师取得硕士学位。

（2）教研成果取得明显突破。

通过多年的课程建设和改革探索，教学团队的科研能力和水平取得了明显的提高，在课题立项、课程教材建设和科研、教改论文方面从教改前的空白到获得国家级教学成果二等奖，取得了明显突破。教学团队承担的省部级以上课题12项、校级课题37项，“基于职场情境的高职英语翻转课堂教学模式研究与实践”获广东省哲学社会科学“十二五”规划项目立项、“基于网络语言交互课程的大学生自主学习能力培养的研究——以朗文交互英语（LEI）网络课程实践为例”获教育部职业院校外语类专业教学指导委员会优秀教改课题；主编、参编教材21部，其中《高级职业英语》系列教材获国家“十二五”规划教材；公开发表论文90多篇。

4. 与国内外同类课程比较特色突出

通过对新加坡南洋理工学院、德国F+U培训学院语言教学中心、澳大利亚北悉尼学院、英国曼彻斯特艺术技术学院的考察，国外职业院校的公共英语培训一类是纯粹的普通英语（General English）的培训，另一类就是通过专业学习语言，未见开设适用于各工作岗位通用的“职业英语”课程。

就国内情况来看，通过与省内外高职院校的经验交流，我校与国内同类课程相比，处于领先地位，与国外同类院校同类课程相比，具有自己鲜明的特色。主要体现在以下几方面。

（1）课程培养目标定位准确。

课程以职场英语交际为目标，以服务学生专业发展为目的，面向我校专业涉外岗位（群），培养学生未来岗位群实际应用英语的能力，使他们能在日常活动和业务活动中进行与未来职业相关的基本的口头和书面交流；同时掌握有效的学习方法，增强自主学习能力，培养学生的跨文化交际意识、自我完善与发展能力、多文化交往合作能力，提高学生的文化素养，增强学生核心职业能力，为学生的职业生涯发展，提升就业竞争力，以及今后的可持续发展打下良好的基础。该目标定位为高职公共英语课程改革指明了方向。

（2）课程改革力度大。

①构建特色课程体系。“职业普适—专业融合—素质拓展”递进型课程体系充分体现了语言学习规律，很好地解决了在学时有限的情况下高职公共英语基础课程如何为专业服务的问题。

②课程内容的改革。以行业企业调研结果为依据，以职场英语技能培养为主线，选取紧扣职业岗位实际需求的教学内容，以满足工作岗位的实际英语需求，很好地突出了“以能力为本位，教学用结合”的理念。

③改革教学方法。改变传统的教师一言堂，而是根据课程内容，灵活运用情境模拟、案例分析、分组讨论等教学方法，让学生在模拟或真实的职业情境学中用、用中学，从而提高教学效果。

④改革教学手段。充分利用现代教育技术制作生动的教学课件提高教学效率；建设网络课程和网络资源学习平台，使学生可以进行灵活开放的自主学习，优化了教学过程。

⑤改革考核方式。为了适应教学内容与教学模式的改革要求，课程采用以证代考、形成性与终结性考核相结合的评价体系，真实反映学生的学习情况，同时有效地促进学生自主学习。

5. **社会认可度高**

广东轻院高职公共英语课程改革形成了理念清晰、定位准确的课程内容体系、教学模式和考核评价体系，成果在广东高职院校及全国其他高职院校得到应用推广。2010 年 1 月 9 日，应用外语系吴寒主任应邀在广东省高职高专教学改革成果研讨会上做“基于职业能力培养的高职英语课程教学改革探索”的成果介绍；在 2010 年杭州举行的全国骨干教师培训会上，广东轻院教师进行了示范课展示；2011 年 5 月在广东轻工职业技术学院召开了广东省行业英语教学研讨会上做了本课程改革的主旨发言；2011 年 6 月在天津举行的高职教育展览中，本课程的教学改革引起了众多同行院校的参观和注意，进一步在全国扩大了知名度。自 2010 年以来，省内外先后来广东轻院参观和交流公共英语教学改革的院校达 30 多所，如广东工贸职业技术学院、广东工程职业技术学院、广东农工商职业技术学院、河南鹤壁职业技术学院、佛山职业技术学院、江苏联合职业技术学院等。2012 年 10 月23 日，在广东省高职基础课程教学改革研讨会上，学校领导着重介绍了本课程的教学改革，本课程负责人在公共英语分组会场上介绍了本项目的改革经验和成果，得到了参会专家和教师的高度评价。广东轻院公共英语课程的改革成果得到社会、行业和企业和同类高职院校的高度认可，为探索高职公共英语教学改革做出了贡献，起到了示范和引领作用。

三、高职公共英语课程改革的实践案例

（一）案例一：基于网络语言交互课程的大学生自主学习能力培养的研究——以朗文交互英语（LEI）网络课程实践为例

1. **研究背景、目的及意义**

现代信息技术飞速发展，以计算机网络技术和多媒体为基础的高职公共英语

教学改革正在进一步深化。全国各高校依托互联网，开展各种网络课程、精品资源共享课程、平台课程的建设。学生利用网络辅助课程和自主学习中心等网络多媒体形式进行自主学习已成为一种趋势。这种学习方式通过网络提供的资源构造崭新的英语教学环境，提高学生的学习积极性，符合现代外语教学深化改革的要求，顺应网络信息技术大发展的主潮流。如今的高校大学生是典型的 90 后学生，思想活跃，有个性，易于接受新思潮和新鲜事物，对课外活动较为积极。作为获取知识的主体，他们更希望在教学活动中以学习者为主体，能自己主导自己的学习，而不是被动地接受知识。

正是在此网络辅助教学的环境中，我校尝试使用朗文交互英语（LEI）网络课程。通过三年的实践，把 LEI 和现有的课程结合，改革课堂面授的教学模式，探索课堂教学与网络辅学结合的模式，解决高职公共英语课堂教学时数不足、生源英语学力差异大的问题。同时在实践 LEI 网络课程中，强化学生的学习动机，培养学生的自主学习能力，培养学生终身学习的理念。

2. **研究方法/METHODOLOGY**

（1）研究对象。

我们在本校 2012 级、2013 级和 2014 级非英语专业学生中实践 LEI 网络课程。

（2）使用材料。

我们采取分层分级教学的方式，对不同类别的学生提出不同的学习要求，如表 5 -4 所示。

表 5 -4 分级教学学习目标

学生英语等级和层次	学习目标	备注
A 班学生	完成朗文交互英语三、四级课程内容	1 学年课程
B 班、艺术设计学院学生	完成朗文交互英语一、二级课程内容	1 学年课程
中高衔接班学生	完成朗文交互英语一、二级课程内容	1 学年课程
高本衔接班学生	完成朗文交互英语三、四级课程内容及专业英语课程内容	2 学年课程

（3）研究过程。

在研究中，主要的做法是：调查新生的网络学习现状，包括调查学生的网络学习设备拥有情况、网络学习资源情况和调查学生的学习自主性情况；做好教师和学生的 LEI 课程培训工作，邀请 LEI 的工程师对教师进行 2 ~ 3 次的相关培训，帮助教师转变教学理念，熟悉 LEI 课程教学的程序，根据学期的教学内容制订教学计划，教师对学生进行自主学习策略培训；开展学生调查访谈，包括调查学生对 LEI 课程的学习态度、学习方式、学习环境、学习策略等，评估实践和应用 LEI 课程的教学效果；采集数据并对数据进行分析。

3. **研究结果**

通过分析调查问卷数据，结合访谈结果，对网络语言交互课程的学习效果进行评估检验。调查数据显示，48% 的学生对 LEI 课程的总体评价为很满意，20% 的学生觉得较满意，只有 7% 的学生觉得不满意。对于学习效果，25% 的学生觉得 LEI 对英语学习有非常大的促进作用，33% 的学生觉得有较大的促进作用，只有 17% 的学生觉得没有作用。大部分的学生认为自己的英语综合能力有所提高，特别是英语听说能力明显提高，自主学习能力也有所增强。

4. **小结**

在认知心理学、建构主义理论和人本主义理论结合信息论的指导下，遵循“自主（Independent）、互动（Interactive）、融入（Involved）、创新（Innovative）”的原则，我校高职公共英语课程实践网络语言交互课程（LEI），其实践成效主要体现在：对于学生，第一，培养了学生的自主学习能力和习惯，有助于学生实践终身学习的理念。学生通过 LEI 课程丰富的媒体呈现形式，简单而直观的导航，随时随地登录和访问，完成学习进度，非常灵活和方便。这种学习经历能充分调动和激发学生的学习兴趣和积极性，使学生能够在以后的实践和工作中，在没有教师日常辅导的环境中，仍然能坚持学习、不断提高、不断进步，适应工作和生活需要。网络自主学习模式还有利于培养和形成学生个性化学习策略和方法，形成和发展自主学习能力、探究性学习能力和创新思维能力。第二，从调查数据分析可知，改革实践促进了学生英语听说能力的提高。LEI 课程的四个级别提供包括语法、口语、听力、词汇、发音、阅读和写作等方面的讲解和训练，特别注重听说训练。每个模块以一个主题为中心通过形式多样的学习视频展开听力、口语等训练。学生根据自己的进度，除了完成传统课堂上的听说训练之外，还可以随时随地进行朗文交互英语的学习，在课后增加大量的听说训练机会。而且 LEI 能随时记录和检测学生的学习情况，教师随时检查学生的进度，从而督促学生积极学习，促使学生不断练习，进一步促进英语各种技能特别是听说技能有较快的提高。听说能力的提高反过来又激发学生的学习兴趣，促进学习积极性。

对于教师，有助于教师把计算机网络技术应用于外语教学，充分发挥计算机网络技术辅助外语教学的优势，有效提高教学工作效率。例如，教师登录教师界面后，可以监测班级里每一个学生的登录时间，自主训练练习的题目数，学习日历，提交作业和参加考试的情况，可以随时给学生发帖和发消息，非常方便和快捷。另外教师还可以利用网考的新型考试方式，即是把试题库的试题通过后台的工作人员放到LEI平台，学生在网络课室直接完成考试并提交。提交后，系统直接在线批改学生的试卷，马上汇总和导出学生各部分的成绩和试卷分析，这样大大减轻了教师批改试卷的工作量。

对于学校，LEI在我校公共英语教师数量不足，招生规模大、学生生源英语基础参差不齐的状况下，有助于优化教学资源配置，对于在一定程度上缓解我校英语教学要求高、课时少的矛盾也有重要的意义。

（二）案例二：基于职业能力培养、素质拓展的高职公共英语课程标准

课程标准是规定该课程的性质、目标、内容目标、实施建议的教学指导性文件，是对学生在经过一段时间的学习后应该知道什么和能做什么（what students should know and be able to do）的界定和表述。我们按照“职业普适—专业融合—素质拓展”的课程体系，依据调研结果，制定了每一个阶段相应课程的课程标准。

职业普适类必修课——“职业英语”课程标准

一、课程定位

“职业英语”是原“大学英语1”的转型课程，是高职院校非英语专业学生的公共必修课，开设于职业普适阶段。本课程是以能力本位培养为核心，以职场英语交际为目标，以岗位技能为主线，突出培养学生在未来岗位（群）实际应用英语的能力，使学生掌握各行业企业涉外活动中共有的语言交际技能，培养学生的核心职业能力，增强学生的自主学习能力和跨文化交际意识，提升学生就业竞争力，为学生的职业生涯及可持续发展打下良好的基础。本课程的后续课程是“高级职业英语”。

二、课程目标

（一）能力目标

1. 能听懂日常交际和职业岗位中的英语对话和陈述。

2. 能在日常生活和职业岗位中用英语进行口头交流。

3. 能正确阅读和理解与职业岗位相关的中等难度实用文字资料。

4. 能用英语撰写商务应用文如信函、公司简介、商务合同及个人简历等。

5. 能借助工具翻译与职业岗位相关的文字材料，译文必须达意。

6. 能借助工具书、计算机、网络英语平台及其他英语教学资源进行自主学习。

（二）知识目标

1. 了解各行业企业涉外活动的相关知识，如商务礼仪和交际技巧等。

2. 了解目标职业岗位所需的知识和技能。

3. 了解目标职业岗位工作流程和发展趋势。

4. 掌握各行业企业涉外活动中所需的听、说、读、写、译等基本语言技巧。

5. 掌握与职业岗位相关的词汇、常用语、基本句型及应用文写作知识。

（三）素质目标

1. 培养爱岗敬业、责任心强、吃苦耐劳的精神。

2. 学会尊重他人及文化传统，文明礼貌，言谈举止得体。

3. 培养勤思考、多动手、严谨细致的工作作风。

4. 培养具有全局观念、合作意识、团队精神，不断提高沟通能力和协调能力。

5. 培养勇于面对挑战，积极应对职场压力。

6. 养成自觉学习，充实调整自身知识结构，提升职场人格魅力。

三、课程设计理念和思路

课程教学设计的理念与思路：以行业企业调研结果为依据，“以能力为本位，教学用结合”理念为指导，以职场英语技能培养为主线，紧扣岗位需求，依据学以致用、学以管用的原则，构建“职场、情境、体验为中心的三课堂相结合”的教学用一体化教学模式，运用任务驱动、情境模拟、角色扮演、头脑风暴等多种教学方法，采用“教学记录袋+电子学习档案+职业情境英语综合应用”考核评价体系，使学生掌握职场生存和发展必需的英语基本技能。

四、课程内容、要求与学时安排

“职业英语”课程内容、要求与学时按排如表 5 – 5 所示。

表 5 – 5　课程内容、要求与学时安排表

单元名称/模块单元	学习项目	知识要求	技能要求（含素质要求）	学时	适用专业
Preparation for Work（入职准备）	Adapting to New Environments	1. 掌握自我介绍相关的常用语及句型； 2. 掌握询问相关的常用语及句型； 3. 掌握校园生活相关的词语及日常会话	1. 能在公共场所发表自己观点； 2. 能尽快适应校园学习环境； 3. 能够应对焦虑情绪； 4. 能独立处理日常生活事务； 5. 能制订学习计划； 6. 能够独立学习	16	全院所有非英语专业大一学生
	Handling Personal Information	1. 熟悉有关个人信息词汇及其表达； 2. 掌握有关个人信息恰当问答方式； 3. 了解开通博客的方法步骤及相关词汇	1. 能正确填写个人信息表格； 2. 能就个人信息进行恰当地问答； 3. 能够应用网络开通博客		
	Planning Your Career	1. 掌握各种职业相关的表达，职业相关的常用句型； 2. 掌握职业规划相关的常用词汇和表达； 3. 掌握招聘相关的常用词汇和表达	1. 能谈论各种职业包括自己的理想职业； 2. 能够制定职业规划； 3. 能够通过报纸、网络等渠道获取招聘信息		
	Hunting for a Job	1. 掌握简历相关的格式和常用语句； 2. 了解应聘的常用礼仪知识和技巧	1. 能写作具有个性化的个人简历； 2. 能在应聘中运用恰当的应聘常用语句和技巧，礼仪恰当		

续上表

单元名称/模块单元	学习项目	知识要求	技能要求（含素质要求）	学时	适用专业
Office Affairs（办公室事务）	Making and Responding to Invitations	1. 了解邀请函常用表达； 2. 掌握邀请函的格式； 3. 了解接受或拒绝邀请的礼仪	1. 能正确书写邀请函，格式正确； 2. 能够正确书写邀请回复函，格式正确	16	全院所有非英语专业大一学生
	Receiving Visitors	1. 掌握接送外宾、预订酒店相关的常用表达； 2. 掌握有关日程安排和欢迎词的常用语句； 3. 了解组织欢迎会的相关步骤	1. 能恰当地接送外宾； 2. 能够预订酒店； 3. 能够与外宾商讨日程安排； 4. 能够书写欢迎词，并在需要时致欢迎词		
	Managing Office Affairs	1. 掌握打电话的常用表达； 2. 掌握电话记录的技巧和方法； 3. 掌握内部通知的格式和常用语句； 4. 了解工作报告的撰写方法和相关的常用语句	1. 能够接打电话，礼仪恰当； 2. 能够正确记录电话留言； 3. 能够正确书写内部通知； 4. 能够书写工作报告		
	Organizing Meetings	1. 掌握有关组织会议的常用语句； 2. 了解会议安排基本知识； 3. 掌握会议记录相关的基本词汇和记录方法技巧； 4. 了解会议报告的撰写方法	1. 能够就会议时间、地点、交通等做出安排； 2. 能够准备会议材料； 3. 能够做好会议记录并加以整理好； 4. 能够撰写会议报告		

续上表

单元名称/模块单元	学习项目	知识要求	技能要求（含素质要求）	学时	适用专业
Office Affairs（办公室事务）	Making Business Trips	1. 了解商务旅行相关的词汇； 2. 掌握预订酒店、机票及日程安排等相关的常用语句； 3. 了解有关日程安排和拜访客户的基本方法	1. 能确定商务旅行的目标； 2. 能做好酒店、机票等的预订工作； 3. 懂得如何联系商务客户，确定日程； 4. 成功拜访商务客户		
Company Business（公司业务）	Introducing a Company	1. 掌握公司介绍的常用表达和词汇； 2. 了解公司介绍的基本技巧和方法	1. 能够介绍公司基本情况，包括公司文化、公司产品和服务等； 3. 创建虚拟公司并做介绍	20	全院所有非英语专业大一学生
	Making Business Association	1. 掌握联系客户常用表达和词汇； 2. 了解与客户建立业务关系的技巧； 3. 了解跟踪客户的方法和技巧	1. 能够通过网络、电视、报纸等渠道发掘潜在客户； 2. 能与潜在客户建立联系，与现有客户保持联系； 3. 懂得如何建立客户档案		
	Promoting Products and Services	1. 掌握介绍产品、服务的常用语和词汇； 2. 了解如何突出介绍产品和服务的优点的技巧方法； 3. 了解推销产品和服务的方法和技巧	1. 能准确地描述产品和服务； 2. 能介绍某产品和服务的特点及优势； 3. 能运用所学知识推销产品和服务		
	Attending Fairs	1. 掌握有关会展的常用语句； 2. 掌握有关产品目录的常用语句及其制定方法； 3. 掌握有关参加会展的常用语句； 4. 了解与客户洽谈常用表达	1. 懂得如何获取会展信息； 2. 能整理产品资料； 3. 能制定产品目录； 4. 能进行展位布置； 5. 可以与客户洽谈		

续上表

单元名称/模块单元	学习项目	知识要求	技能要求（含素质要求）	学时	适用专业
Company Business（公司业务）	Negotiating	1. 理解谈判常相关的常用语句； 2. 掌握搜集谈判资料的方法； 3. 了解谈判的基本方法和技巧	1. 能分析谈判对手和焦点； 2. 懂得如何准备谈判相关资料； 3. 能缓和矛盾； 4. 能创造双赢局面		
	Contracts	1. 了解合同格式； 2. 理解合同和谈判相关的常用语句； 3. 了解谈判的基本方法和技巧	1. 能够理解合同的格式与条款； 2. 能讨论合同条款； 3. 能够就某些条款谈判		
Corporate Cultures and Etiquettes（企业文化与礼仪）	Interpersonal Skills and Cooperation	1. 掌握有关表达个人意见的常用词汇和句型； 2. 了解有关与人沟通的技巧； 3. 了解有关分工合作的方法和技巧	1. 能维持良好的同事关系； 2. 能够有效地与领导沟通，恰当地表达自己的意见； 3. 能够与人合作，及时沟通，有效完成任务	20	
	Culture and Etiquettes	1. 掌握有关公司文化的常用语句； 2. 掌握有关礼仪的词汇和表达	1. 了解公司文化； 2. 能够介绍公司文化； 3. 了解职场礼仪		
	Business Ethics and Integrities	1. 理解有关商业道德和诚信的常用语句； 2. 理解讨论和评析企业社会责任相关的常用语句； 3. 了解有关评析商业道德、社会责任和诚信的方法和技巧	1. 能够讨论和评析商业道德； 2. 能够讨论和评析商业诚信； 3. 能够讨论和评析企业社会责任		

续上表

单元名称/模块单元	学习项目	知识要求	技能要求（含素质要求）	学时	适用专业
Corporate Cultures and Etiquettes（企业文化与礼仪）	Modern Administration	1. 掌握现代管理相关词汇和表达； 2. 了解公司管理章程格式和制定方法； 3. 熟悉公司管理模式； 4. 理解公司管理章程相关的语句	1. 能够谈论现代管理的基本要素、方法等； 2. 能够探讨如何管理工作小组； 3. 能够运用现代管理知识制定公司管理章程		
	Dealing with Work Problems	1. 掌握职场矛盾与冲突词汇和表达； 2. 了解分析矛盾与冲突方法； 3. 了解如何解决客户投诉的方法与技巧； 4. 掌握投诉信回复与处理的知识	1. 能够描述职场矛盾与冲突； 2. 能够客观地分析冲突产生的原因； 3. 能够采取有效的措施解决职场矛盾与冲突； 4. 能够处理客户投诉		
合　计				72	

五、实施建议

（一）教材编写

职业英语教学设计以培养学生职业能力为导向、以职业岗位中的典型工作任务驱动教学工作。为了配合公共英语课程的教学改革，本教学团队努力开发面向工作过程及工作任务新型教材，教材突出内容的实用性及职业性，针对学生英语知识水平，第1学期有针对性地采用《高级职业英语》第一、二册的教学内容，力争通过一学期的职业普适阶段的英语学习，全面提升的学生的职业能力及职业素质。

（二）教学场地

教学过程全部安排在多媒体教室中进行，边讲语言点边操练，在模拟职场情景中用英语，实现教、学、用的有机结合。

（三）教学方法与手段

本课程综合运用基于工作过程的项目引导、任务驱动、情境模拟、角色扮演、头脑风暴等多种教学方法开展教学。教学按照“任务引入—小组任务分析、讨论—相关知识点—案例呈现—模仿操练—同学表演、总结—扩展训练（未包含的知识、技巧）”模式来进行，激发学生学习兴趣，学生乐于学习，从而提高学习效率，做到知识、素质、能力协调发展。

（四）师资要求

1. 具有学校颁发的高职教育教师资格证。

2. 积极践行学校的“3+2”教师到企业顶岗制度（五年内累计达到两年在企业工作经历）每年利用寒暑假到企业实践，熟悉职场工作流程，了解职业岗位相关的能力培养要素。

3. 参加高职教师培训班学习，不断提升教学能力和职业素养。

（五）考核评价

考核形式采用过程化考核与终结性考核相结合的方式进行，在考核职业能力的同时也考核职业素养。终结性考核主要针对学生的综合应用能力进行评价。总评成绩=教学档案袋30%+学生学习档案袋20%+职业情境英语综合应用50%。

①教学档案袋成绩。

教学档案袋成绩包括测验、课堂表现、作业、考勤等要素，考核结果占总成绩30%。

②学生学习档案袋成绩。

学生学习档案袋成绩包括学生自主学习记录、自我评价、第二课堂活动参与情况等要素，考核结果占总成绩20%。

③职业情境英语综合应用成绩。

在课程终结性考核中，教师通过设计具体的职业活动来考核学生在职场中综合应用英语的能力，考核结果占总成绩50%。

专业融合类课程——“经管英语”“理工英语”“艺术英语”课程标准

一、课程定位

“高级职业英语”是原“大学英语2”的转型课程，是高职院校非英语专业学生的必修公共基础课程，开设于英语与专业知识的融合阶段。“高级职业英语”包括“经管英语”“理工英语”和“艺术英语”。“经管英语”为旅游系、管理系、经济系等文科类学生开设；“理工英语”为机电系、食品系、轻化系、传播系、电子通信系、汽车系等理工科类学生开设；“艺术英语”为艺术设计学院学生开设。本课程以能力本位培养为核心，以职场英语交际为目标，以岗位技能需求为主线，突出培养学生在未来岗位（群）实际应用英语的能力，使学生掌握各行业企业涉外活动中共有的语言交际技能；培养学生的核心职业能力，增强学生的自主学习能力和跨文化交际意识，提升学生就业竞争力，为学生的职业生涯及可持续发展打下良好的基础。本课程先行课程是“职业英语”，后续课程是“专业英语”。

二、课程目标

（一）能力目标

1. 能听懂日常交际和职业岗位中的英语对话和陈述。

2. 能在日常生活和职业岗位中用英语进行口头交流。

3. 能正确阅读和理解与职业岗位相关的中等难度实用文字资料。

4. 能用英语撰写商务应用文，如询盘、报盘、产品介绍、说明书等。

5. 能借助工具翻译与职业岗位相关的文字材料，译文必须达意。

6. 能借助工具书、计算机、网络英语平台及其他英语教学资源进行自主学习。

（二）知识目标

1. 了解各行业企业涉外活动的相关知识，如商务礼仪和交际技巧等。

2. 了解目标职业岗位所需的知识和技能。

3. 了解目标职业岗位工作流程和发展趋势。

4. 掌握各行业企业涉外活动中所需的听、说、读、写、译等基本语言技巧。

5. 掌握与职业岗位相关的词汇、常用语、基本句型及应用文写作知识。

（三）素质目标

1. 培养学生爱岗敬业、责任心强、文明礼貌、具备奉献及创新精神。

2. 培养和提高学生的综合专业素质、职业素质、文化素质、心理素质。

3. 培养学生勤思考、多动手、勇于接受挑战的态度及全面、细致的工作作风。

4. 不断提高沟通能力、协调能力和合作意识，具备团队精神。

5. 提高学生敢于面对挑战，积极应对职场压力的能力。

6. 培养学生具备工作质量意识、效率意识及诚信意识。

7. 培育学生与时俱进、自我充实及时调整自我知识结构、不断提升职场人格魅力的自觉性。

三、课程设计理念和思路

本课程教学设计的理念与思路：基于“职业英语”的课程教学理念和思路，依照“以能力为本位，教学用结合”的原则，将经管类、艺术类、理工类等专业基础知识融合于英语语言基本知识与技能进行模块教学。以职场英语技能培养为核心，紧扣岗位需求，模拟职场情境体验，运用任务驱动、角色扮演等多种教学方法，提升学生的综合素质和职业英语运用能力。本课程采用形成性与终结性相结合的考评体系，使学生能更有效地获得必要的英语学习过程性知识，为学生的职业生涯及可持续发展打下良好的基础。

四、课程内容、要求与学时安排

（一）经管英语

“经管英语”的课程内容、要求与学时安排如表5－6所示

表5－6 “经管英语”课程内容、要求与学时安排表

单元名称/模块单元	学习项目	知识要求	技能要求（含素质要求）	学时	适用专业
English for Business Administration（企业管理英语）	项目1：了解企业的基本组织架构 项目2：了解科学管理原理	1. 掌握与企业管理的相关的常用词汇、句型； 2. 掌握与企业管理的相关专业常识； 3. 能理解科学管理原理	1. 能用英语介绍海尔集团； 2. 能分析企业的基本组织架构； 3. 能撰写公司的规章制度或岗位职责	8	旅游系、管理系、经济系等各个专业
English for Finance（金融、财务英语）	项目1：了解股票基础知识 项目2：了解个人财务报表	1. 掌握金融财务的相关常用词汇、句型； 2. 了解金融财务的相关专业常识； 3. 掌握撰写财务报表等的格式、词汇及表达	1. 能运用股票基础知识理财； 2. 能制作个人财务报表； 3. 会用英语介绍理性投资	8	
English for International Trade（国际贸易英语）	项目1：了解国际经济环境 项目2：介绍广交会	1. 掌握国际贸易的相关的常用词汇、句型； 2. 掌握国际贸易的相关专业常识； 3. 掌握撰写询盘信、报盘信等信息	1. 能通过互联网了解国际经济环境； 2. 能用英语介绍广交会； 3. 能写英文询盘信和报盘信	8	
English for Logistics（物流英语）	项目1：了解物流的定义 项目2：介绍公司的供应链管理	1. 掌握物流相关的常用词汇、句型； 2. 掌握物流相关的专业常识； 3. 掌握物流运输公司广告的格式、词汇及表达	1. 能看懂有关物流的英文资料； 2. 能用英语介绍公司的供应链管理	8	

续上表

单元名称/模块单元	学习项目	知识要求	技能要求（含素质要求）	学时	适用专业
English for Tourism & Exhibition（旅游会展英语）	项目1：介绍景点印象 项目2：介绍上海世博	1. 掌握旅游相关的常用词汇、句型及相关专业常识； 2. 掌握景点推介、广交会邀请函的写作格式	1. 能用英语介绍景点； 2. 能用英语介绍上海世博； 3. 能用英语写交易会邀请函	8	旅游系、管理系、经济系等各个专业
English for E-Business（电子商务英语）	项目1：介绍电子商务 项目2：介绍e-buy的支付 项目3：介绍在线支付方式Paymate	1. 掌握与电子商务相关的常用词汇、句型； 2. 掌握与电子商务的相关专业常识； 3. 掌握建立业务联系信函写作格式	1. 能用英语介绍电子商务； 2. 能用英语介绍e-buy的支付； 3. 能介绍在线支付方式Paymate	8	
English for Marketing（营销英语）	项目1：了解营销的技巧 项目2：介绍安利公司	1. 掌握与营销相关的常用词汇、句型； 2. 掌握与营销相关专业常识； 3. 掌握某产品的介绍或说明形式	1. 能运用营销的技巧推销产品和服务； 2. 能用英语介绍公司； 3. 能理解奢侈品相关的说明书等	8	
English for Hotels（酒店餐饮英语）	项目1：介绍香格里拉酒店及度假村 项目2：介绍中国八大菜系	1. 掌握与酒店餐饮相关的常用词汇、句型； 2. 掌握与酒店餐饮的相关专业常识； 3. 掌握某特色食品的介绍或说明格式	1. 能用英语介绍香格里拉酒店及度假村； 2. 会用英语介绍中国八大菜系	8	
合　计				64	

（二）理工英语

“理工英语”的课程内容、要求与学时安排如表5－7所示。

表5－7　“理工英语”课程内容、要求与学时安排表

单元名称/模块单元	学习项目	知识要求	技能要求（含素质要求）	学时	适用专业
English for Computer Technology（计算机英语）	项目1：了解计算机简史 项目2：介绍Cisco公司	1. 掌握计算机相关的常用词汇、句型； 2. 掌握计算机相关专业常识； 3. 掌握产品的介绍或说明的写作格式	1. 能看懂计算机相关英文资料； 2. 能利用计算机网络解决学习难题； 3. 能用英语介绍公司	8	机电系、食品系、轻化系、传播系、电子通信系、汽车系、环境工程系等各个专业
English for Mechanical & Electrical Engineering（机电英语）	项目1：了解计算机辅助设计与制造系统 项目2：了解数控机床的规章和注意事项	1. 掌握机电相关的常用词汇、句型； 2. 掌握机电相关的专业常识； 3. 掌握电子产品的使用或维修说明的撰写格式	1. 能阅读理解机电相关中等难度英文资料； 2. 能阅读理电子产品的使用或维修说明书等	8	
English for Automobiles（汽车英语）	项目1：了解汽车发展简史 项目2：介绍一些著名汽车徽标	1. 掌握汽车相关的常用词汇、句型； 2. 了解汽车相关的专业常识； 3. 掌握公司简介的撰写格式	1. 能用英语介绍一些著名汽车徽标； 2. 能阅读理汽车文化相关的英文资料	8	
English for Food Science & Engineering（食品英语）	项目1：了解食品包装说明 项目2：了解储藏食物的方法 项目3：了解茶叶的种类和制造	1. 掌握食品专业相关的常用词汇、句型； 2. 了解食品专业相关的专业常识； 3. 了解一种储藏食物的方法	1. 能阅读理解食品包装说明； 2. 能用图表描述某公司或行业的发展； 3. 能用英语介绍中国茶叶的种类	8	

续上表

单元名称/模块单元	学习项目	知识要求	技能要求（含素质要求）	学时	适用专业
English for Environmental Engineering（环境工程英语）	项目1：了解环境工程的发展 项目2：介绍水污染的现象 项目3：介绍清华“环保女孩”	1. 掌握环境专业相关的常用词汇、句型； 2. 了解一些与本专业相关的专业常识； 3. 掌握撰写调查报告格式	1. 能阅读理解环境工程相关的英文资料； 2. 能用英语介绍水污染的现象； 3. 能用英语介绍“环保女孩”	8	机电系、食品系、轻化系、传播系、电子通信系、汽车系、环境工程系等各个专业
English for Communications（通信英语）	项目1：介绍中国移动公司 项目2：了解3G通信技术	1. 掌握通信专业相关的常用词汇、句型及相关的专业常识； 2. 掌握撰写书籍简介格式	1. 能阅读理解电信技术相关的英文科普读物； 2. 能用3G通信技术辅助学习和工作	8	
English for Printing（印刷英语）	项目1：介绍彩色打印机 项目2：介绍印刷中的职业	1. 掌握印刷专业相关的常用词汇、句型； 2. 了解印刷专业相关的专业常识； 3. 掌握公司投标书的撰写方法	1. 能阅读理解印刷技术相关的英文资料； 2. 能用英语介绍彩色打印机性能； 3. 能用英语介绍印刷业	8	
English for Chemical Engineering（化工英语）	项目1：了解环氧乙烷的爆炸性 项目2：了解BASF公司 项目3：介绍睫毛膏	1. 掌握化工专业相关的常用词汇、句型； 2. 了解化工相关的专业常识； 3. 掌握招标书的书写格式	1. 能阅读理解化工类相关的英文资料； 2. 能草拟英文标书，格式正确	8	
合　计				64	

(三) 艺术英语

"艺术英语"的课程内容、要求与学时安排如表5-8所示。

表5-8 "艺术英语"课程内容、要求与学时安排表

单元名称/模块单元	学习项目	知识要求	技能要求(含素质要求)	学时	适用专业
Module 1 Snuff Bottles(鼻烟壶)	项目1:鼻烟壶的历史及种类 项目2:鼻烟壶的绘制及其收藏意义 项目3:鼻烟壶的英文介绍	1. 掌握描写鼻烟壶基本特点常用的一些词汇、句型及常用语; 2. 掌握介绍鼻烟壶优点的技巧; 3. 掌握推销鼻烟壶的技巧和方法	1. 能初步使用英语口头介绍鼻烟壶的起源、历史及种类等; 2. 通过了解鼻烟壶的绘制及其市场价值、收藏意义等,提高鉴赏能力; 3. 能仿写有关介绍鼻烟壶的作文	9	艺术设计学院各个专业
Module 2 Sculpture and Carving(雕塑和雕刻)	项目1:著名雕塑大师的生平及其作品的介绍 项目2:翻译某些雕塑的英文资料 项目3:用英文简单介绍有名的雕塑	1. 掌握描写雕塑作品基本特点常用的一些词汇、句型及常用语; 2. 掌握与雕塑相关的专业常识	1. 学会欣赏一些著名雕塑大师的作品; 2. 能翻译某些雕塑的英文资料; 3. 能用英文简单介绍一些有名的雕塑	9	
Module 3 Calligraphy(书法)	项目1:中国书法的发展历史及其特点 项目2:书法的种类 项目3:撰写书法展的英文通知 项目4:小组点评书法作品	1. 掌握描写书法基本特点常用的一些词汇、句型及常用语; 2. 掌握书法展通知的写作基本技巧	1. 学会欣赏中国书法作品; 2. 能用英语介绍书法的种类; 3. 能用英语对其他小组成员的书法作品做简单的点评	9	
Module 4 Photography(摄影)	项目1:摄影的基本步骤 项目2:摄影作品的英文评说 项目3:目前流行的几款相机	1. 掌握摄影相关常用词汇和句型; 2. 掌握介绍摄影优点的技巧; 3. 掌握摄影过程的常用表达	1. 能阅读理解摄影器材的英文说明书; 2. 能够用英语简单评说摄影作品; 3. 能操作目前市场上较为流行的几款相机	9	

续上表

单元名称/模块单元	学习项目	知识要求	技能要求（含素质要求）	学时	适用专业
Module 5 Oil Paintings Art（油画艺术）	项目 1：油画的发展史 项目 2：用英语谈论某些知名油画	1. 掌握描写油画基本特点常用的一些词汇、句型及常用语； 2. 了解与油画相关的专业常识	1. 能阅读理解油画历史发展的英文资料； 2. 能用英语简单介绍中国及世界某些知名大师及其代表作	9	艺术设计学院各个专业
Unit 6 Architecture（建筑）	项目 1：中国建筑的特点及其风格 项目 2：世界建筑特点及其风格 项目 3：用英语简单介绍某些著名建筑 项目 4：用英语仿写表述某些知名建筑的作文	1. 掌握描写建筑基本特点常用的一些词汇、句型及常用语； 2. 了解中国建筑、世界建筑的特点及其风格； 3. 了解建筑艺术的相关专业常识	1. 能阅读理解中国建筑、世界建筑相关的英文资料； 2. 能用英语简单介绍某些著名建筑； 3. 通过比较中外建筑风格的异同，提高辨别能力	9	
Module 7 Chinese Folk Arts（中国民间艺术）	项目 1：中国传统民间艺术 项目 2：艺术展邀请函 项目 3：民间艺术的存亡问题讨论	1. 掌握描写剪纸基本特点常用的一些词汇、句型及常用语； 2. 掌握撰写邀请函的技巧； 3. 掌握介绍民间艺术的技巧和方法	1. 能用英语介绍中国传统民间艺术的种类及其特点； 2. 能用英语撰写邀请函，邀请客人参观艺术展； 3. 能用英语简单讨论民间艺术的发展前景及如何有效保护某些濒临失传的名建艺术形式	10	
合　计				64	

五、实施建议

（一）教材编写

本课程选用的教材是由广东轻院教师主编、参编的“经管英语”“理工英语”

“艺术英语”。课程教材紧扣岗位需求，突出语言技能训练。力争通过一学期的专业融合性英语学习，全面提升的学生的职业能力及职业素质。

（二）教学场地

教学过程安排在多媒体教室中进行，边讲语言点边操练，在模拟职场情景中用英语，实现教、学、用的有机结合。

（三）教学方法与手段

“高级职业英语”采用交际法、任务驱动、情境模拟、角色扮演、案例分析法、小组讨论等方法进行课堂教学，确立学生在教学中的中心地位，使他们获得必要的英语过程性知识，同时将英语语言能力与专业知识相结合，进一步提高他们的综合能力。

（四）师资要求

1. 具有学校颁发的高职教育教师资格证。

2. 积极践行学校的“3+2”教师到企业顶岗制度（五年内累计达到两年在企业工作经历）每年利用寒暑假到企业实践，熟悉职场工作流程，了解职业岗位相关的能力培养要素。

3. 具备相关的专业知识。

4. 参加高职教师培训班学习，不断提升教学能力和职业素养。

“高级职业英语”教学以工作任务驱动为中心的教学模式对任课教师提出了更高的要求，这种教学模式不仅要求任教教师必须具备良好的英语语言知识、口语交际技能，并能够熟练运用计算机、网络、多媒体、数字基础应用知识，而且要求教师具有相关的专业知识及高超的教学组织能力。因此，我们鼓励教师旁听专业课，积极利用寒暑假到企业参与专业实践，熟悉职场工作流程与情景，参加相关培训学习等形式来达到这样高素质的要求。并尽量聘请其他系有丰富企业经历及专业应用背景的教师担任高级职业英语教学，以便公共英语基础课程与后续的专业课程更好地接轨。

（五）考核评价

1. 考核形式。

本着尊重语言学习规律，重视学生应用能力养成的过程性原则，本课程确定了“形成性考核+终结性考核”相结合的考核方式。期末总评成绩=平时成绩+期末考试。其中：平时成绩占总评成绩的50%，期末考试50%。平时成绩包括：考勤、小组作业、家庭作业、课堂表现（回答问题、是否积极参与课堂活动）等。期末总评成绩60分以下为不及格，学期成绩总评不及格者将进行补考，补考不及格者将要重修。

2. 考核评价表。

①“经管英语”考核评价表如表5-9所示。

表 5－9　“经管英语”考核评价表

序号	学习项目	评价方式	评分标准	分数分配	适用专业
1	English for Business Administration（企业管理英语）	同学互评，现场考核	客观、主观	10	旅游系、管理系、经济系等各个专业
2	English for Finance（金融、财务英语）	现场考核，任务考核	客观、主观	10	
3	English for International Trade（国际贸易英语）	任务考核	客观、主观	10	
4	English for Logistics（物流英语）	同学互评，任务考核	客观、主观	10	
5	English for Tourism & Exhibition（旅游会展英语）	任务考核	客观、主观	15	
6	English for E-Business（电子商务英语）	同学互评，任务考核	客观、主观	15	
7	English for Marketing（营销英语）	同学互评，任务考核	客观、主观	15	
8	English for Hotels（酒店餐饮英语）	同学互评，任务考核	客观、主观	15	
合　计				100	

②“理工英语”考核评价表如表 5－10 所示。

表 5－10　“理工英语”考核评价表

序号	学习项目	评价方式	评分标准	分数分配	适用专业
1	English for Computer Technology（计算机英语）	同学互评，现场考核	客观、主观	12	
2	English for Mechanical & Electrical Engineering（机电英语）	现场考核，任务考核	客观、主观	12	
3	English for Automobiles（汽车英语）	任务考核	客观、主观	12	

续上表

序号	学习项目	评价方式	评分标准	分数分配	适用专业
4	English for Food Science & Engineering（食品英语）	同学互评，任务考核	客观、主观	13	机电系、食品系、传播系、电子通信系、计算机系、环境工程系、轻化系等各个专业
5	English for Environmental Engineering（环境工程英语）	任务考核	客观、主观	15	
6	English for Communications（通信英语）	同学互评，任务考核	客观、主观	13	
7	English for Printing（印刷英语）	同学互评，任务考核	客观、主观	13	
8	English for Chemical Engineering（化工英语）	同学互评，任务考核	客观、主观	10	
合　计				100	

③“艺术英语”考核评价表如表5-11所示。

表5-11　“艺术英语”考核评价表

序号	学习项目	评价方式	评分标准	分数分配	适用专业
1	Module 1　Snuff Bottles（鼻烟壶）	同学互评，现场考核	客观、主观	15	艺术设计学院各个专业
2	Module 2　Sculpture and Carving（雕塑和雕刻）	现场考核，任务考核	客观、主观	15	
3	Module 3　Calligraphy（书法）	任务考核	客观、主观	10	
4	Module 4　Photography（摄影）	同学互评，任务考核	客观、主观	15	
5	Module 5　Oil Paintings Art（油画艺术）	任务考核	客观、主观	15	
6	Module 6　Architecture（建筑）	同学互评，任务考核	客观、主观	15	
7	Module 7　Chinese Folk Arts（中国民间艺术）	同学互评，任务考核	客观、主观	15	
合　计				100	

（六）课程资源的开发与利用

本课程已做成网络课程，并在学校的实践教学课中进行使用。学生反馈效果良好。另外，多门的网络课程、精品课程都已经获得立项，如“高级职业英语”“高职营销英语”“工业英语”“综合英语”“英语视听说”“英语国家概况”“商务英语”“市场营销英语”“办公英语”“求职英语”“影视英语”等。完善丰富的网络教学资源，为学生学习英语提供了丰富的语言素材，图文并茂的音频、视频资源营造了轻松自如的虚拟职业环境，充分调动了学生的学习积极性，达到较好的教学效果，满足了学生个性化、自主化学习的要求。

六、编制说明

“高级职业英语”授课对象是非英语专业的大一学生。表 5－12 至 5－14 给出“经管英语”“理工英语”“艺术英语”课程学习项目设计参考方案。

表 5－12 “经管英语”课程学习项目设计参考方案

编号	学习项目	能力训练任务名称	技能目标	知识目标	适用专业
1	English for Business Administration（企业管理英语）	任务 1－1：介绍海尔集团 任务 1－2：了解企业的基本组织架构 任务 1－3：了解科学管理原理	1. 能用英语介绍海尔集团； 2. 能分析企业的基本组织架构； 3. 能撰写公司的规章制度或岗位职责	1. 掌握与企业管理的相关的常用词汇、句型； 2. 掌握与企业管理的相关专业常识； 3. 熟悉科学管理原理	旅游系、管理系、经济系等各个专业
2	English for Finance（金融、财务英语）	任务 2－1：了解股票基础知识 任务 2－2：了解个人财务报表 任务 2－3：介绍如何理性投资	1. 了解股票基础知识； 2. 了解个人财务报表； 3. 能用英语介绍如何理性投资	1. 掌握金融财务的相关常用词汇、句型； 2. 掌握金融财务的相关专业常识； 3. 掌握撰写财务报表或实物盘点或进销存报表的格式、词汇及表达	
3	English for International Trade（国际贸易英语）	任务 3－1：了解国际经济环境 任务 3－2：介绍广交会 任务 3－3：了解国际贸易差额	1. 了解了解国际经济环境； 2. 能用英语介绍广交会； 3. 了解国际贸易差额	1. 掌握与国际贸易的相关的常用词汇、句型； 2. 掌握与国际贸易的相关专业常识； 3. 掌握撰写询盘信、报盘信等信息	

续上表

编号	学习项目	能力训练任务名称	技能目标	知识目标	适用专业
4	English for Logistics（物流英语）	任务 4－1：了解物流的定义 任务 4－2：介绍戴尔公司的供应链管理 任务 4－3：了解物流的历史发展	1. 了解物流定义； 2. 能用英语介绍戴尔公司的供应链管理； 3. 了解物流的历史发展	1. 掌握与物流相关的常用词汇、句型； 2. 掌握与物流相关的专业常识； 3. 掌握物流运输公司广告的格式、词汇及表达	
5	English for Tourism & Exhibition（旅游会展英语）	任务 5－1：介绍景点印象 任务 5－2：介绍上海世博 任务 5－3：了解年轻人出游与眼界的开拓	1. 会用英语介绍景点印象； 2. 会用英语介绍上海世博； 3. 了解年轻人出游、眼界的开拓	1. 掌握与旅游、会展业相关的常用词汇、句型； 2. 掌握与旅游、会展业相关的专业常识； 3. 掌握景点推介或广交会的邀请函写作格式	
6	English for E-Business（电子商务英语）	任务 6－1：介绍电子商务 任务 6－2：介绍e-buy的支付 任务 6－3：介绍在线支付方式 Paymate	1. 会用英语介绍电子商务； 2. 能用英语介绍e-buy的支付； 3. 能介绍在线支付方式 Paymate	1. 掌握与电子商务相关的常用词汇、句型； 2. 掌握与电子商务的相关专业常识； 3. 掌握建立业务联系信函写作格式	
7	English for Marketing（营销英语）	任务 7－1：了解营销的技巧 任务 7－2：介绍安利公司 任务 7－3：了解奢侈品消费	1. 了解营销的技巧； 2. 能用英语介绍安利公司； 3. 了解奢侈品消费	1. 掌握与营销相关的常用词汇、句型； 2. 掌握与营销相关专业常识； 3. 掌握某产品的介绍或说明形式	

续上表

编号	学习项目	能力训练任务名称	技能目标	知识目标	适用专业
8	English for Hotels（酒店餐饮英语）	任务 8－1：了解酒店的危机管理 任务 8－2：介绍香格里拉酒店及度假村 任务 8－3：介绍中国八大菜系	1. 了解酒店的危机管理； 2. 能用英语介绍香格里拉酒店及度假村； 3. 会用英语介绍中国八大菜系	1. 掌握与酒店餐饮相关的常用词汇、句型； 2. 掌握与酒店餐饮的相关专业常识； 3. 掌握某特色食品的介绍或说明格式	

表 5－13　“理工英语”课程学习项目设计参考方案

编号	学习项目	能力训练任务名称	技能目标	知识目标	适用专业
1	English for Computer Technology（计算机英语）	任务 1－1：了解计算机简史 任务 1－2：了解计算机网络 任务 1－3：介绍 Cisco 公司	1. 了解计算机简史； 2. 了解计算机网络； 3. 能用英语介绍 Cisco 公司	1. 掌握计算机相关的常用词汇、句型； 2. 掌握计算机相关专业常识； 3. 掌握产品的介绍或说明的写作格式	机电系、食品系、轻化系、传播系、电子通信系、汽车系、环境工程系等各个专业
2	English for Mechanical & Electrical Engineering（机电英语）	任务 2－1：了解计算机辅助设计与制造的定义 任务 2－2：了解计算机辅助设计与制造系统 任务 2－3：了解数控机床的规章等	1. 了解计算机辅助设计与制造的定义； 2. 了解计算机辅助设计与制造系统； 3. 了解数控机床的规章和注意事项	1. 掌握与机电相关的常用词汇、句型； 2. 掌握与机电相关的专业常识； 3. 掌握电子产品的使用或维修说明的撰写格式	

续上表

编号	学习项目	能力训练任务名称	技能目标	知识目标	适用专业
3	English for Automobiles（汽车英语）	任务3-1：了解汽车发展简史 任务3-2：介绍一些著名汽车徽标 任务3-3：了解加州的汽车文化	1. 了解汽车发展简史； 2. 会用英语介绍一些著名汽车徽标； 3. 了解加州的汽车文化	1. 掌握与汽车相关的常用词汇、句型； 2. 掌握与汽车相关的专业常识； 3. 掌握公司简介的撰写格式	
4	English for Food Science & Engineering（食品英语）	任务4-1：了解食品包装说明的真相 任务4-2：了解一种储藏食物的方法 任务4-3：了解茶叶的种类和制造	1. 了解食品包装说明的真相； 2. 了解一种储藏食物的方法； 3. 了解茶叶的种类和制造	1. 掌握与食品专业相关的常用词汇、句型； 2. 掌握与食品专业相关的专业常识； 3. 用图表描述某公司或行业的发展	
5	English for Environmental Engineering（环境工程英语）	任务5-1：了解环境工程的发展 任务5-2：介绍水污染的现象 任务5-3：介绍清华“环保女孩”	1. 了解环境工程的发展； 2. 能用英语介绍水污染的现象； 3. 会用英语介绍清华“环保女孩”	1. 掌握与环境专业相关的常用词汇、句型； 2. 掌握一些与本专业相关的专业常识； 3. 掌握撰写调查报告格式	
6	English for Communications（通信英语）	任务6-1：了解电信技术的发展 任务6-2：介绍中国移动公司 任务6-3：了解3G通信技术	1. 了解电信技术的发展； 2. 介绍中国移动公司； 3. 了解3G通信技术	1. 掌握与通信专业相关的常用词汇、句型； 2. 掌握与通信相关的专业常识； 3. 掌握撰写书籍简介格式	

续上表

编号	学习项目	能力训练 任务名称	技能目标	知识目标	适用 专业
7	English for Printing（印刷英语）	任务 7－1：了解印刷技术的发展 任务 7－2：介绍彩色打印机 任务 7－3：介绍印刷中的职业	1. 了解印刷技术的发展； 2. 能用英语介绍彩色打印机性能； 3. 会用英语介绍印刷中的职业	1. 掌握与印刷专业相关的常用词汇、句型； 2. 掌握与印刷专业相关的专业常识； 3. 掌握公司投标书的撰写	
8	English for Chemical Engineering（化工英语）	任务 8－1：了解环氧乙烷的爆炸性 任务 8－2：了解 BASF 公司 任务 8－3：介绍睫毛膏	1. 了解环氧乙烷的爆炸性； 2. 了解 BASF 公司； 3. 能用英语介绍睫毛膏	1. 掌握与化工专业相关的常用词汇、句型； 2. 掌握与化工相关的专业常识； 3. 掌握招标书的书写格式	

表 5－14　“艺术英语”课程学习项目设计参考方案

编号	学习项目	能力训练 任务名称	技能目标	知识目标	适用 专业
1	Module 1 Snuff Bottles（鼻烟壶）	任务 1－1：了解鼻烟壶的历史及种类 任务 1－2：了解鼻烟壶的绘制及其收藏意义 任务 1－3：了解鼻烟壶的英文介绍	1. 能初步使用英语口头介绍鼻烟壶的起源、历史及种类等； 2. 通过了解鼻烟壶的绘制和收藏意义等，提高鉴赏能力； 3. 能仿写有关介绍鼻烟壶的作文	1. 掌握描写鼻烟壶基本特点的常用词汇及句型； 2. 掌握鼻烟壶介绍技巧； 3. 掌握推销鼻烟壶的技巧和方法	艺术设计学院各个专业

续上表

编号	学习项目	能力训练任务名称	技能目标	知识目标	适用专业
2	Module 2 Sculpture and Carving（雕塑和雕刻）	任务 2－1：介绍著名雕塑大师 任务 2－2：翻译某些雕塑的英文资料 任务 2－3：用英文简单介绍有名的雕塑	1. 学会欣赏大师作品 2. 能翻译某些雕塑的英文资料； 3. 能用英文简单介绍一些有名的雕塑	1. 了解一些著名雕塑大师的生平及其作品； 2. 掌握描写雕塑作品基本特点常用词汇、句型及常用语； 3. 掌握雕塑相关的专业常识	
3	Module 3 Calligraphy（书法）	任务 3－1：了解中国书法的发展历史及其特点 任务 3－2：了解书法的种类 任务 3－3：撰写书法展的英文通知 任务 3－4：小组点评书法作品	1. 学会欣赏中国书法作品； 2. 能用英语介绍书法的种类； 3. 能用英语对其他小组成员的书法作品做简单的点评	1. 掌握描写书法基本特点常用词汇及句型； 2. 掌握书法展通知的写作基本技巧	
4	Module 4 Photography（摄影）	任务 4－1：了解摄影的基本步骤 任务 4－2：用英文评说摄影作品 任务 4－3：了解目前流行的几款相机	1. 能阅读理解摄影器材的英文说明书； 2. 能够用英语简单评说摄影作品； 3. 能操作目前市场上较为流行的几款相机	1. 掌握摄影相关常用词汇和句型； 2. 掌握介绍摄影优点的技巧； 3. 掌握摄影过程的常用表达	
5	Module 5 Oil Paintings Art（油画艺术）	任务 5－1：了解油画的发展史 任务 5－2：介绍中外知名大师的代表作	1. 能阅读理解油画历史发展的英文资料； 2. 能用英语简单介绍中国及世界某些知名大师及其代表作；	1. 掌握描写油画基本特点常用的一些词汇、句型及常用语；	

续上表

编号	学习项目	能力训练 任务名称	技能目标	知识目标	适用 专业
5	Module 5 Oil Paintings Art （油画艺术）	任务 5－3：用英语谈论某些知名油画 任务 5－4：撰写油画大师的作品展英文邀请函	3. 用英语撰写油画大师的作品展邀请函	2. 了解与油画相关的专业常识	
6	Module 6 Architecture （建筑）	任务 6－1：了解中国建筑的特点及其风格 任务 6－2：了解世界建筑特点及其风格 任务 6－3：用英语简单介绍某些著名建筑 任务 6－4：用英语仿写表述某些知名建筑的作文	1. 能阅读理解中国建筑、世界建筑相关的英文资料； 2. 能用英语简单介绍某些著名建筑； 3. 通过比较中外建筑风格的异同，提高辨别能力	1. 掌握描写建筑基本特点常用的一些词汇、句型及常用语； 2. 了解中国建筑、世界建筑的特点及其风格； 3. 了解建筑艺术的相关专业常识	
7	Module 7 Chinese Folk Arts （中国民间艺术）	任务 7－1：用英语介绍中国传统民间艺术的种类及其特点 任务 7－2：用英语撰写邀请函，邀请客人参观艺术展 任务 7－3：用英语简单讨论民间艺术的发展前景及如何有效保护某些濒临失传的名建艺术形式	1. 能用英语介绍中国传统民间艺术的种类及其特点； 2. 能用英语撰写邀请函，邀请客人参观艺术展； 3. 能用英语简单讨论民间艺术的发展前景及如何有效保护某些濒临失传的名建艺术形式	1. 掌握描写剪纸基本特点常用的一些词汇、句型及常用语； 2. 掌握撰写邀请函的技巧； 3. 掌握介绍民间艺术的技巧和方法	

素质拓展类课程——“办公英语”课程标准

一、课程定位

“办公英语”是大学英语素质类拓展课程，专门为拓展广东地区文职工作者的职业技能量身定做，是一门面向全院各个专业学生的公共选修课。其功能是培养具有办公通适英语运用能力的文职人才，使学生具备从事涉外类办公的职业能力。其实用性主要表现在：①注重学生的口语交际能力，根据办公职能、日常事务、面对老板的工作、面对客户的工作等，设计具有代表性的情境对话，使学生融入真实的办公环境中，以尽快适应未来工作岗位的需要。②注重培养学生的书面表达能力，根据办公室的职责，设计各种常用的应用文体的写作，使学生具备文秘的书写技能，为未来从事文职工作者夯实职业基础。

二、课程目标

使学生能够熟悉和理解文职工作者的工作职责，掌握最基本的办公管理系统及程序方面的知识，负责操作办公设备、文书工作、安排会议、制定工作日程、安排出差事宜、接待客人、介绍产品、处理投诉等多种工作。掌握相关的英语词汇、短语和句型，进一步巩固英语语言基础知识，提高办公英语语言运用能力，扎实掌握职业技能。

（一）能力目标

1. 掌握与办公英语相关的词汇、短语和句型。
2. 听懂涉及办公情境中英语会话并掌握语言运用技巧。
3. 阅读中等难度的 notice、E-mail、minutes 等英文资料，理解正确。
4. 能就与课文难度相仿的阅读材料写大意和回答问题。
5. 掌握办公系统管理的知识和办公文化和礼仪。

（二）知识目标

1. 能把办公室常用的英语表达词句运用到真实办公交际情境中。
2. 能够收发 notice、E-mail、minutes 等英文资料。
3. 能够口头表达涉外办公的各个情境的话语。
4. 能准确简洁书写应用文体的英语作文。
5. 能够运用办公自动化设备进行工作。

（三）素质目标

1. 热爱祖国，遵守相关的职业要求，爱岗敬业，具备一定的职业操守。
2. 诚实正直，明辨是非，道德素养高。
3. 具备较强的口头表达能力、人际交往能力和良好的服务意识。
4. 具有良好的团队合作精神和集体荣誉感。
5. 尊重上级，团结下级，人际关系融洽，社会活动能力强。

三、课程设计理念和思路

（一）设计理念

本课程以培养学生在文职工作者岗位上的能力和职业素养为核心，以涉外文职工作者职业训练，涉外商务办公，商务接待，现场办公情境模拟为媒介，基于整个办公工作过程，构建各种学习情境，将“职业教学”“以工作任务为导向”和“项目教学”的理念应用到英语教学中。坚持以岗位技能为主线，紧扣岗位需求，做到“学中做，做中学”，全面提高学生完成岗位工作能力为目的。

（二）设计思路

本课程以英语语言基础学习，专业英语基础学习和职业岗位活动有机融合，以公司办公工作流程、有代表性的工作环节或场景设计教学内容，着重培养学生办公文职工作的职业综合应用能力；采用任务驱动、项目导向、情境模拟、典型例证、视频等多样的教学方式，实现教、学、做一体化。

四、课程内容、要求与学时安排

“办公英语”的课程内容、要求与学时安排如表 5 – 15 所示。

表 5 – 15　“办公英语”课程内容、要求与学时安排表

模块单元	学习项目	知识要求	技能要求	学时	适用专业
执行办公职能	Unit 1　The Responsibilities of office Professionals	掌握 note 的书写格式	1. 学会跟上司请假的交际方法； 2. 书写一份 note； 3. 履行工作职责和行使工作权利	4	全院各专业
处理日常事务	Unit 2　Meeting	掌握 Agenda & Minutes 的书写格式	1. 能够安排召开会议； 2. 能够制作会议议程和做会议记录	4	
	Unit 3　Auto – officing	掌握 E-mail on Notice 的书写格式	1. 能运用现代办公设备进行办公； 2. 能够收发电邮、通知等	4	
	Unit 4　Booking	掌握 Memo 的书写格式	1. 学会电话预定和网络预订； 2. 能够进行预定会话	4	

续上表

模块单元	学习项目	知识要求	技能要求	学时	适用专业
面对老板事务	Unit 5 Working Schedule	掌握 Schedule 的书写格式	1. 能够制定工作日程表； 2. 能够汇报和调整日程表	4	
	Unit 6 Arrangement	掌握 Mini – report 的书写格式	1. 能够为老板安排商务约见； 2. 能够为老板安排出差的事宜	4	
面对客户事务	Unit 7 Receiving Customers	掌握 Greeting or Farewell Speech 的表达句型	1. 能够热情接待到访的客人； 2. 准确恰当介绍公司； 3. 能够口头致欢迎词和欢送词	4	
	Unit 8 Dealing with Complaints	掌握 Settling Complaints 的方法及技巧	1. 能够虚心接受客人的投诉； 2. 能准确回复投诉问题的成因	4	
合　计				32	

五、实施建议

（一）教材编写

目前，该课程采用的是以下相关或者相近课程的节选，编写的系统化教材有《办公英语》（晨梅梅、范建华改编）、《办公英语》（张雅淇、龚婕编）、《办公室英语》（李晶主编）、《办公室英语口语进阶宝典》（李文娟主编）、《文秘英语》（杨亚军主编）等。

（二）教学场地

理论课在多媒体课室进行或者计算机网络室，实训课在职业情境演练室进行。

（三）教学方法与手段

采用任务驱动、项目导向、情境模拟、典型例证、视频案例等多样的教学方法和手段，实现教、学、做一体化。

（四）师资要求

教师必须具备良好的英语语言知识，口语交际技能，并能够熟练运用计算机、网络、多媒体、数字基础应用知识，从而满足本课程的教学需求。

（五）考核评价

1. 考核形式

本课程的考核方式为开卷考试，学期总评成绩 = 期末小组作业 + 平时成绩，其中期末小组作业成绩占总评成绩的50%，平时成绩占总评成绩的50%。具体说明如下：

①期末小组作业：以每组3～4人，就本学期所学的全部内容选取感兴趣的章节制作PPT，分角色扮演，录制成视频。

②平时成绩包括：小组作业、家庭作业、案例分析、课堂表现（回答问题、是否积极参与课堂活动）、考勤情况等。

③学期总评成绩60分以下为不及格，不及格者给予补考机会，补考不及格者将要重修。学期总评成绩低于30分者重修，不予补考。

2. 考核评价表

本课程的考核评价如表5－16所示。

表5－16　“办公英语”课程考核评价表

序号	学习项目	评价方式	评分标准	分数分配	适用专业
1	家庭作业	在线上交、批改	语法、单词	25	全院各专业
2	课堂表现	实时观察	口头表达、参与度	20	
3	考勤情况	登记	出勤率	10	
4	小组PPT	在线上交	语法、单词、图文并茂	25	
5	Presentation	现场	口头表达、熟悉、流畅程度	20	
合　计				100	

（六）课程资源的开发与利用

本课程已于2010年通过校级立项并已做成校级网络课程，在过去的3年里使用于学校的选修课中，是学校广大学生的热门选择课程之一。网站布局合理科学，页面简洁清晰，栏目分明易懂，链接正常快捷，知识点明确丰富，习题库充实饱满，在线互动功能齐全，使用便捷，使用的学生反响较好。目前点击率已达到29 136次，在线答疑达到45问以上，在线投票和在线聊天也得到学生的热烈响应，收到了较好的使用效果。

六、编制说明

本课程有待在今后使用的过程中进一步改进和完善，以更好地满足学生的需求和需要，衷心希望广大使用者给课程建设团队提出宝贵意见。

第六章　高职计算机基础课程改革研究与实践

一、高职计算机基础课程改革背景与历程

（一）计算机基础课程改革背景

很多高职院校从20世纪90年代就开始开设了计算机基础课程，当时主要是普及计算机基础知识和计算机的基本操作，基本操作主要包括打字、DOS操作系统的使用、简单的文字处理软件和制表软件的使用。1999年开始，很多中专学校升格为高职院校，计算机基础课程就一直是非计算机专业必修的基础课程。主要讲授的内容有计算机基础知识、Windows操作系统、文字处理软件Word、表格处理软件Excel、演示文稿制作软件PowerPoint，随着网络技术的兴起，计算机网络应用逐步普及，又增加了计算机网络基础的内容。

随着计算机应用的普及和深入，高职计算机基础课程的教学目标也从普及计算机的基本操作转向计算机的具体应用，计算机教学内容的更新主要来源于两个方面：一方面是计算机技术的发展要求更新教学内容，另一方面是计算机应用领域和应用层次的不断深化要求更新教学内容。从计算机技术发展的角度看，由于计算机硬件技术的进步、Windows操作系统的更新、Office软件版本的更新、计算机网络技术的发展，计算机基础课程的教学内容会随着技术的进步而不断更新。从计算机的应用领域和应用层次看，计算机作为一个提高工作效率的工具已渗透到各行各业，其应用的层次也从简单的文字和表格处理扩展到计算机辅助设计和制造、计算机控制、计算机通信等各个层次。因此，计算机基础课程的内容更新不能单从技术角度，还要从应用角度更新课程内容。

高职教育的人才培养目标是培养技术技能型人才，强调技术应用能力的培养，作为公共基础课，计算机基础这门课程承担着培养学生计算机方面的基本素养的任务，同时计算机基础这门课程又是一门操作性、应用性较强的课程，也承担着培养计算机的基本操作和应用技能，同时为后续计算机应用相关课程提供支持的

任务，因此，计算机基础这门课程既要具有基础课的基本要求，又要有实际应用性的要求，计算机基础课程的改革就是基于这样一个认识来开展的。

中学现在也开设信息技术课程，开始讲授一些计算机的基础知识和基本操作，但由于各个中学所处的地域不同，教学设备、师资条件、重视程度各不相同，高中毕业的学生对计算机基础知识和基本操作的掌握程度也千差万别，程度好的学生对操作系统和 Office 软件的操作都比较熟练，而程度差的学生接触电脑的时间较少，对计算机的基本操作都还很不熟悉，因此进入高职院校就读的学生在计算机的基本操作方面也存在较大的差异，计算机基础课程的教学必须考虑到这种差异性，做到因材施教。

（二）计算机基础课程改革历程

课程的改革遵循由易到难、循序渐进的发展过程，经历了编写案例式教材、实施分层教学、实现交考分离、开发网络课程、构建分专业的计算机应用能力培养课程体系、按专业大类改革课程教学内容、建立专业应用案例库、建立共享资源课程等多个阶段，具体改革历程如下。

2006 年编写了任务驱动、案例引导式教材，采用基于案例教学、边讲边练的教学模式。在 2010 年和 2014 年分别两次对教材进行了修订，修订内容包括软件版本升级、案例更新、教材编写结构调整。

从 2009 年开始实施分层教学，考虑到中学阶段开设信息技术课程的不同情况，新生的计算机基本操作水平参差不齐，实施统一的教学会导致基础好的学生大部分都懂了，上课开小差，基础差的学生跟不上进度，学习有难度。为此，从 2009 年开始实施分层教学，根据计算机基础的测试成绩分为 A、B 两个层次，分别组织教学。

从 2010 年开始，学校不再组织计算机基础课程的统考，而以学生参加广东省统一组织的计算机等级考试成绩代替课程考试成绩，再加上课程的平时成绩作为这门课程的总评成绩，这样就实现了教考分离，既统一了课程考核标准，又提高了教师的责任心，调动了教师上课的积极性。

从 2009 年开始，在学院网络课程平台上建立了计算机应用基础网络课程，网络课程资源包含有课程学习内容、教学案例库、试题库、教学课件、电子教案等教学资源。学生利用该课程的网络教学平台进行课后学习，补充了课堂授课学时的限制，延伸了课堂教学内容。同时按照国家精品课程建设要求建立了校级精品课程。学生利用精品课程网站内容进行学习。

从2011年开始，在充分研究现有专业计算机应用类相关课程的设置情况，并对课程的前后关系与内在联系进行优化后，针对不同专业大类，我们给出如下的四层次课程体系。第一层次为计算机应用基础，只含计算机应用基础一门课程；第二层次为专业软件工具类课程，学生通过软件工具实现辅助绘图、设计、图像处理、动画制作、文字处理等操作，包含的课程主要有CAD、Protel、Photoshop、Flash等课程；第三层次课程为计算机技术基础课程，包含的课程主要有程序设计语言、数据库应用技术、计算机网络技术、网页设计等课程；第四层次课程为应用计算机解决各类专业应用问题的课程，包含的课程主要有数控编程、单片机原理与应用、各种信息系统、电子商务应用与开发、办公自动化等课程。

从2011年开始，在确定了计算机应用能力培养的课程体系后，对全校所有非计算机专业按专业特点划分为四大类：机电类（含机电、汽车、电子等相关专业）、轻化类（含轻化、食品等相关专业）、经管类（含经济、管理、旅游、外语等相关专业）、艺术类（含艺术设计、传播等相关专业），按四大类组成四个子课题小组，分别到各系进行课题调研，了解各专业对学生计算机应用能力的要求，了解后续计算机类相关课程具体讲授内容和具体应用范围。通过调研和分析，把计算机应用基础课程的教学内容分为各专业的共性内容和专业特色内容，共性内容是各个专业都必须掌握的基础知识、基本操作技能；专业特色内容是面向各个不同专业的应用要求而提出的知识加深内容和专项应用操作技能。

从2012年开始，针对专业特色内容，开发了专业应用案例库，分别构建了机电类专业、经管类专业、轻化类专业的应用案例库，面向不同专业大类的应用场景，选取不同专业大类在产品设计、制造、设备管理维护、市场营销、客户服务和技术支持等方面的应用案例作为计算机基础课程的专业应用案例，建立专业应用案例库，并在后续教学过程中不断对专业应用案例进行完善和更新。

从2013年开始，网络课程和精品课程升级为共享资源课程，计算机基础课程也开始升级为共享资源课程，分别建立了课程的基本资源、拓展资源、专业应用案例，更新了课程标准和教学设计，课程资源进一步丰富，更有利于学生进行网上学习。

二、高职计算机基础课程改革框架设计

（一）计算机基础课程改革理念

广东轻院计算机基础课程改革基于对课程要求的两点理解：其一是课程的基

础性。它是一门非计算机专业必修的公共基础课程，需要满足学生掌握计算机文化基础的要求，同时，非计算机专业开设的计算机课程一般不止计算机基础一门课程，还包括后续不同计算机相关课程，因此计算机基础课程应对后续开始的计算机相关课程起支持基础作用。其二是课程的应用性，它与一般的公共基础课程相比，其工具性、应用性的特征更明确。首先，对非计算机专业的学生来说，计算机就是一门各专业都通用的工具课程；其次，计算机也主要是用来解决各专业应用问题的。因此，计算机既是一门通用的工具课程，也是一门跟专业相关的应用课程。基于以上两点理解，计算机基础课程的改革需要满足计算机基础课程的基础性和应用性两方面的要求。

（二）计算机基础课程的定位

广东轻院公共基础课改革的方向定位是“职业普适、专业融合、素质拓展”。计算机基础课程是各非计算机专业开设的第一门计算机类课程，因此，作为公共基础课程之一的计算机基础，一方面，它培养学生的基础能力，包括理解计算机基础知识、掌握计算机的基本操作技能、熟练运用文档处理软件编辑各种文档和掌握计算机网络的基本操作和具体应用，为学生终身学习和可持续发展奠定根基；另一方面，它与专业相融合，按专业类别分为机电、经管、轻化三大类，根据专业学习需要和实际应用案例组织教学内容“模块”，体现专业实际工作内容在计算机应用基础课程中的应用，培养学生在专业岗位中运用本课程学习的操作技能解决实际问题的能力。

此外，为了拓展学生动手维护计算机的基本能力，帮助学生解决日常使用计算机遇到的计算机本身的使用、维护问题，作为计算机基础课程的拓展课程，用公共选修课的形式开设了“计算机组装与维护”课程。

计算机组装与维护课程是计算机基础课的后续素质拓展课程，是非计算机专业学生的公共选修课。这门课程是集计算机硬件知识、操作系统维护、计算机日常使用安全等多种技术于一体的综合性课程。目标是让学生通过学习计算机硬件知识、硬件选购技巧、计算机组装方法、操作系统维护等知识，利用软件对系统进行安全设置，最终使学生个人有检测和处理日常办公计算机故障的能力。

（三）计算机基础课程改革思路

公共基础课程改革的总体思路“职业普适、专业融合、素质拓展”，也是计算机基础课程的改革思路。计算机基础的“职业普适”是指计算机基础课程的基础性和工具性，是对所有非计算机专业都必须掌握的基础知识和基本操作技能；计算机基础的“专业融合”是指计算机基础课程的基础知识要为该专业学习其他计算机相关课程提供支持、计算机基础的应用技能要与专业应用要求相结合，通过把专业应用案例嵌入课程教学案例的形式实现专业融合；计算机基础的“素质拓展”是指在学习计算机基础课程后继续学习计算机的通用能力课程，我们通过开设“计算机组装与维护”这门公共选修课实现素质拓展的要求。

除此之外，计算机基础课程的改革还包括教学方法、教学手段、教学评价、课程资源建设等方面的改革。整体改革思路可用图 6－1 描述。

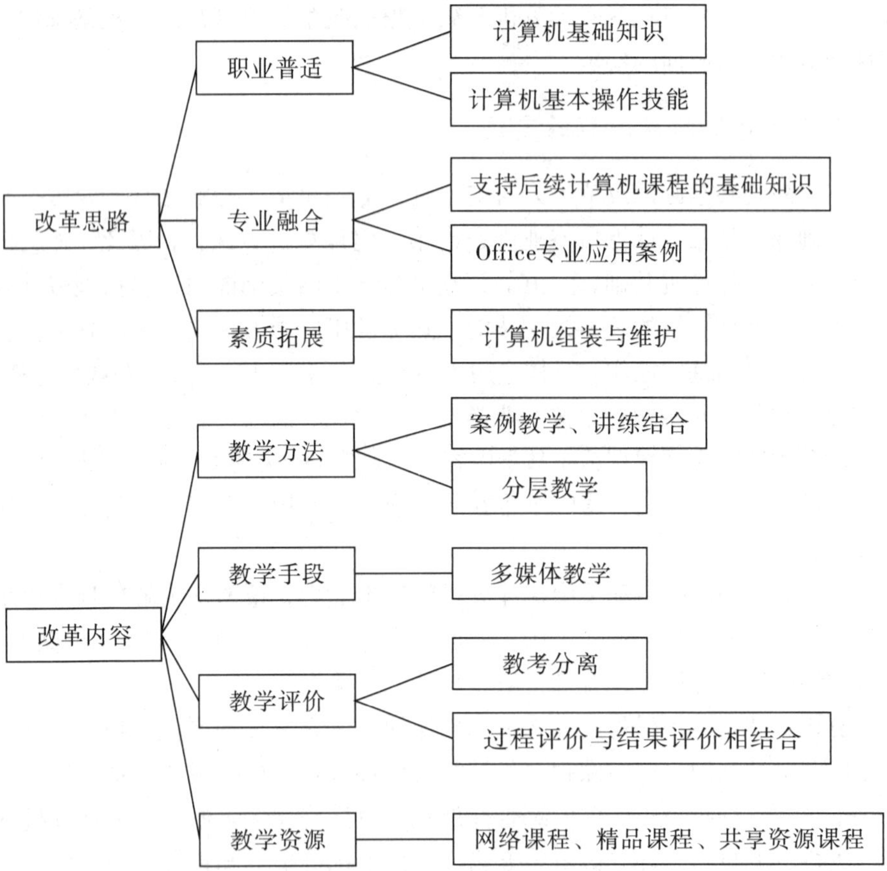

图 6－1　广东轻院计算机基础课程改革思路图

三、高职计算机基础课程改革的实施

（一）构建计算机应用能力培养的课程体系

计算机基础虽然只是一门课程，但它承担着既培养学生计算机的基本操作技能和基本文化素养的目的，又对学生进一步学习计算机应用相关课程起着承上启下的作用，因此有必要把计算机基础课程的改革放在一个大的体系中进行分析和研究，这个大的体系就是计算机应用能力培养的课程体系。由于不同专业对计算机的应用要求不同，各专业除开设计算机应用基础课程外，还会开设其他计算机课程，我们把不同专业开设的计算机相关课程归纳为计算机应用能力培养的课程体系，计算机基础课程的改革需要基于课程体系整体要求进行研究。

为此，我们通过分析不同专业的人才培养方案，明确了不同专业对计算机应用能力的知识、技能、素质要求，根据专业应用要求，设置相关的计算机课程。为了使相关的计算机课程融合为一个统一的整体，保证相关计算机课程的知识、技能相互衔接，创新性地提出了非计算机专业的计算机应用能力培养的课程体系，其课程体系的基本架构为：计算机应用基础 + 计算机技术基础 + 专业应用工具 + 专业应用系统。其中，计算机应用基础对应广东省高等学校计算机水平考试的内容，计算机技术基础包括程序设计语言、计算机网络技术、数据库应用技术等课程，专业应用工具对应 CAD、3DS、图像处理等软件工具类课程，专业应用系统指直接服务于专业应用的计算机类课程，包括数控编程、单片机应用开发、财务管理系统、物流管理系统、电子商务等课程。

根据不同专业人才培养方案的分析，并参考国家示范性院校重点建设专业的人才培养方案，可以把不同专业的计算机应用课程分为四类，即计算机基础、专业软件工具、计算机技术基础、专业应用。机电类、经管类、化工食品类专业开设的计算机类相关课程可归纳为表 6－1、表 6－2 和表 6－3。

表 6－1　机电类典型专业的计算机应用课程设置

专　业	计算机应用基础	专业软件工具	计算机技术基础	专业应用
机电一体化技术	计算机应用基础	CAD、SolidWorks		可编程控制器
数控技术	计算机应用基础	CAD、CAM UG、Pro－E		可编程控制器
电气自动化技术	计算机应用基础	CAD、Protel	程序设计语言（C）、计算机网络技术、微机原理与接口技术	单片机应用技术、组态软件

续上表

专　业	计算机应用基础	专业软件工具	计算机技术基础	专业应用
汽车制造与装配技术	计算机应用基础	CAD		
通信技术	计算机应用基础	CAD、Protel	程序设计语言（C）、计算机网络技术	单片机应用技术
应用电子技术	计算机应用基础	CAD、Protel	程序设计语言（C）、计算机网络技术、嵌入式操作系统	可编程控制器、单片机应用技术

表6-2　经管类典型专业的计算机应用课程设置

专　业	计算机应用基础	专业软件工具	计算机技术基础	专业应用
会计电算化	计算机应用基础		数据库应用技术	财务信息系统
财务管理	计算机应用基础		数据库应用技术	财务信息系统
物流管理	计算机应用基础			物流信息管理、ERP原理与应用
电子商务	计算机应用基础		数据库应用技术、.Net开发技术、网页设计	电子商务应用与开发
酒店管理	计算机应用基础			酒店管理信息系统
旅游管理	计算机应用基础			旅行社电子商务

表6-3　化工食品类专业的计算机应用课程设置

专　业	计算机应用基础	专业软件工具	计算机技术基础	专业应用
高分子材料加工技术	计算机应用基础	CAD、Pro-E		
精细化学品生产技术	计算机应用基础			
食品营养与检测	计算机应用基础			
生物技术与应用	计算机应用基础			
食品加工技术	计算机应用基础	CAD		

根据表6－1、表6－2和表6－3，我们可以构建图6－2所示的四层次课程体系。

计算机应用基础 + 专业软件工具 + 计算机技术基础 + 专业应用

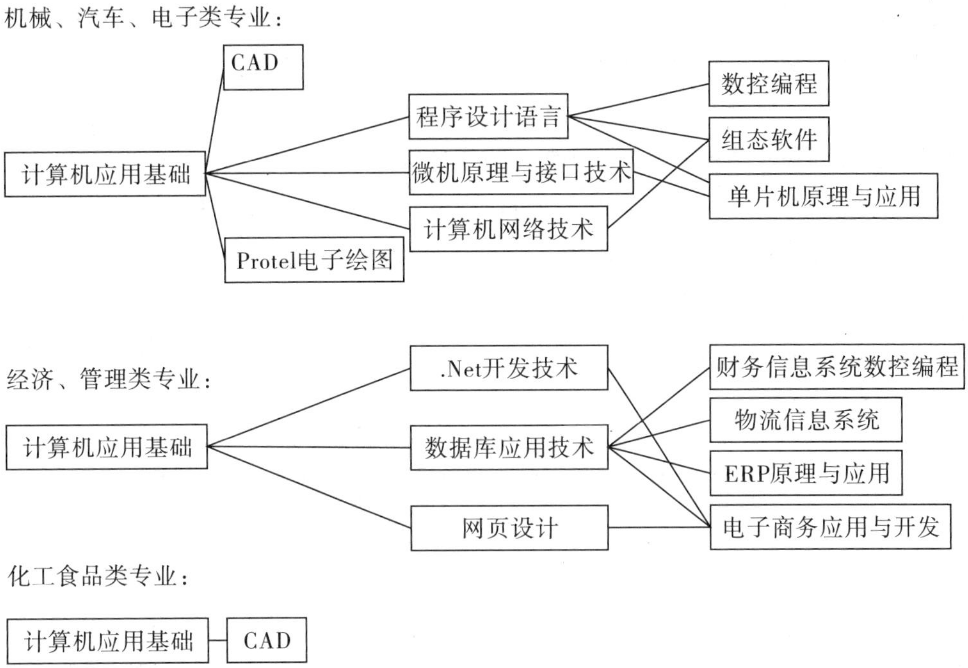

图6－2　广东轻院计算机应用课程体系图

（二）按专业大类改革课程教学内容

从计算机相关课程体系结构看，计算机应用基础课程作为各专业开设的第一门计算机课程，承担着为后续课程提供基础知识支持的作用，由于各专业后续课程内容不同，因此计算机应用基础课程提供的基础知识也应有所差别。从各专业应用计算机技能解决实际问题的角度看，同样是使用 Office 工具，不同专业的应用场景不同、应用内容不同。为了使学生清楚知道本课程在本专业工作中的应用，提高学生学习兴趣，把各专业实际工作中使用的案例嵌入计算机应用基础课程的教学中，体现不同专业应用计算机基础技能的差异，能取得事半功倍、改进教学效果、提高教学质量的目的。

广东轻院的计算机基础课程按专业应用需求不同，创新性地把课程教学内容划分为专业共性内容和专业特色内容，专业共性内容规定了不同专业都必须掌握的计算机基础知识和基本技能，是对计算机应用基础课程的基本要求，专业特色内容是计算机应用基础课程教学内容在专业领域的应用要求，主要通过在专业领域的应用案例来体现，属于与专业应用结合的专业特色内容。例如针对机电类专业，我们设计了如何编写产品设计说明书、如何在产品设计说明书插入机械 CAD 图和电路图的案例；针对轻化类专业，我们设计了在产品设计说明书中编写复杂分子式的案例；针对经管类专业，专业特色案例重点突出电子表格的应用，如产品销售数据的统计分析、财务类函数的应用计算等。

对全校所有非计算机专业按专业特点划分为四大类，包括机电类（含机电、汽车、电子等相关专业）、轻化类（含轻化、食品等相关专业）、经管类（含经济、管理、旅游、外语等相关专业）、艺术类（含艺术设计、传播等相关专业），按四大类别分别制定课程标准，明确每一专业类别的共性内容和专业特色内容，如表 6－4 所示。

表 6－4　专业共性与专业特色教学内容

专业类别	共性内容	专业特色内容
机电类	1. 基础知识：电脑配件选购与组装，特殊文字、符号制作，病毒预防与清除 2. Windows 系统基本操作：文件管理及计算机维护，用户管理及计算机安全设置 3. 文字处理软件 Word：不同格式应用、文档布局，图文混排，文档修订、邮件合并，长文档排版	基础知识：二进制编码、二进制计算。 特色案例：机电类产品的设计、制造、安装、维护、管理方面的文档资料，材料清单及用量统计计算，设计方案交流与演示，实现公式计算、CAD 设计图、电器控制图、电子原理图等内容的图文混排，机电类产品工作过程的动画演示
轻化类		基础知识：二进制编码。 特色案例：化工食品类产品的设计、加工、检验、包装等方面的文档资料，产品配方组成、用料计算与统计分析，加工工艺方案交流与演示，实现轻化类产品的分子式、化学方程式、产品加工工艺流程等内容的图文混排，产品加工工艺过程及化学反应过程的动画演示

续上表

专业类别	共性内容	专业特色内容
经管类	4. 表格处理软件Excel：表格编辑与格式化，表格计算，数据分析管理，图表分析 5. 演示文稿制作软件：编辑幻灯片、定义幻灯片母版、自定义动画、设置幻灯片放映方式 6. 局域网与 Internet：局域网连接与设置，Internet 信息搜索、传输、发布	基础知识：信息编码的概念、规则、应用示例，信息系统的概念、组成、应用。 特色案例：企业经营管理的战略规划、经营规划、生产与运作管理、产品营销、物流管理、成本计算、财务管理等方面的文档资料，经营管理过程中大量的数据处理、图表统计分析，经营规划与营销策略的方案设计、发布与交流
艺术类		基础知识：图形图像文件格式和文件类型、不同类型文件的转换，音视频文件的特点、文件压缩。 特色案例：艺术设计方案的构思、创意设计、脚本等文档资料，设计方案所用材料清单、用量、价格的对比分析与统计计算，设计方案的发布与交流

计算机基础课程共性内容按照案例任务、基础知识、操作技能的层次规划建设，建立基础案例任务库、多媒体教学课件、网络教学平台；专业特色内容来源于各专业的实际应用案例，基于专业特色内容建立各专业的案例库、素材库、多媒体教学课件、网络教学平台、实训指导书。

（三）改革教学方法

首先，对新生入学时计算机应用能力水平进行测试，根据测试成绩分 A、B 两类层次，A 类是对计算机操作技能比较熟悉的学生，B 类是对计算机操作技能不太熟悉的学生，按两个层次分别组织教学。同时在教学过程采用任务驱动、案例引导教学模式，边讲边练。

其次，建立计算机基础课程的网络教学平台，实现网上学习、网上答疑，建立计算机基础的资源共享课程，引导学生通过网络资源自主学习、培养学生主动学习态度和自主学习能力。

最后，学生学完计算机基础课程后要求参加统一的计算机等级考试，那么，课程的教学评价可以学生通过计算机等级考试作为评价标准，学校不再组织统一的课程考试，实现了教考分离，有利于客观、统一地评价学生的学习成果和教学效果。

1. 推行任务导向教学法

计算机基础课程采用“任务驱动”及“以学生为中心”的教学方法进行教学。任务驱动教学法即在教学资源设计上将每个章节分成若干个学习任务，围绕任务的设计将章节中的知识与技能嵌入任务中，使到学生在学习过程中不仅掌握使用计算机技术解决问题的能力，而且知道各个知识与技能的功能和作用。任务驱动教学法的出发点是师生互动；切入点是边学边做；落脚点是调动学生学习的积极性创造性，尤为强调个性的发挥。以学生为中心教学法是以建构主义学习理论为理论基础，强调学生是认知主体、是意义的建构的主动者，学生对知识的意义建构是整个学习过程的最终目的。

计算机基础课程教学过程按照“任务（案例）引入—案例分析、讨论—相关知识点—案例实现—模仿实践—同学演示、总结—扩展训练”模式来进行。在每一个任务的教学实践过程中，强调以学生的主动学习为主，而不是传统教学中的以教师讲授为主；教师是学习情景的创设者和引导者，通过创设合适的问题激发学生探究式学习的积极性，鼓励学生通过合作与交流来解决问题；通过自我评价、小组评价与教师评价相结合，实现评价体系的立体化。任务驱动及以学生为中心的教学方法从根本上改变学生被动学习的局面，全面激发学生自主学习的积极性和主动性。

2. 分层次教学

分层次教学不仅体现了“因材施教”的教学原则，而且是适应生源现状的一种有效对策。广东轻院每学期都组织本学期上计算机应用基础课程的一年级学生自愿报名参加计算机应用能力分层摸底考试，采用的是广东省教学考试管理中心的计算机水平考试平台和试题库。然后根据专业大类按测试成绩分为两个层次，测试成绩较好的同学进入专业应用高级班学习，自主学习专业特色案例内容，教师指导为辅，理论少讲精讲，适当增加常用专业软件的使用知识和后续专业相关计算机知识；不参加测试或测试成绩一般的同学进入专业应用普通班学习，主要学习课程共性内容，并适当兼顾专业特色案例内容的学习，适当放慢教学进度，减低教学难度，教师进行必要的讲解。

分层次教学对于基础较好的高级班学生，学习的内容加深、加宽、难度加大，满足了学生的求知欲；对基础相对差一点的普通班学生，通过分层考试，让他们看到了自己的差距，学习更加自觉认真。经过一个学期的分模块、分层次学习后，学生仍参加广东省教学考试管理中心的计算机水平考试作为期末考试，该考试平台和试题库与分层考试一致。新生入学时的计算机应用能力水平很低，通过分模块、分层次教学后，计算机应用能力水平大幅度提升。

3. **考核方式改革**

“以证代考”的考核模式，是矫正考核中的偏差，提高教学质量，培养高技能人才的有效办法。广东轻院计算机基础课程考核从2012—2013学年第1学期起实施“以证代考”模式，即以广东省高等学校教学考试管理中心的“全国高等学校计算机水平考试一级——计算机应用考试”代替传统的计算机应用基础期末考试，考证成绩等同于计算机应用基础课程期末考核成绩，占课程成绩的50%；考证成绩合格的学生即可获得证书。获得国家颁发的证书是一种荣誉，也是将来就业的绿色通行证，因此学生有了学习的动力，学习起来更加认真。此外，“以证代考”实现了教考分离，保证了教学评价的公平、公正性，提高了测试结果的信度，也加大了教师的教学压力，迫使教师不断学习，积极钻研业务，以提高素质。

（四）教学资源库建设

根据面向专业应用的分模块教学模式，针对专业共性内容编写计算机应用基础教材，针对专业特色内容分专业大类编写专业应用案例。在教材内容上，精心选取各类职业岗位群中若干典型的工作案例和任务，并按照学生学习的认知规律进行分类、归纳、序化，形成教学领域的学习项目和任务。每个工作任务（案例）由7个部分组成：任务引入、案例分析、相关知识点、实现方法、课堂实践、评价与总结、课外延伸。教材内容的编排充分考虑学生计算机水平的个体差异，课外延伸部分有加“深”、加“宽”的知识和技巧，以及综合设计题，非常适合高级班学生的学习。

为了有效帮助学生依托网络资源开展学习，分别建设了计算机基础网络课程和精品课程（见图6-3）。在网络平台上，有分别按课程共性内容和专业特色内容建设的教学案例库、多媒体素材库、案例操作指导书、多媒体课件、习题库、试题库等教学资源。利用网络学习平台进行师生交互，及时了解学生的学习动态，指导学习，促进教与学。

从2013年开始，计算机基础精品课程升级为资源共享课程（见图6-4），按资源共享课程的标准建设了基本资源、拓展资源、专业融合案例。

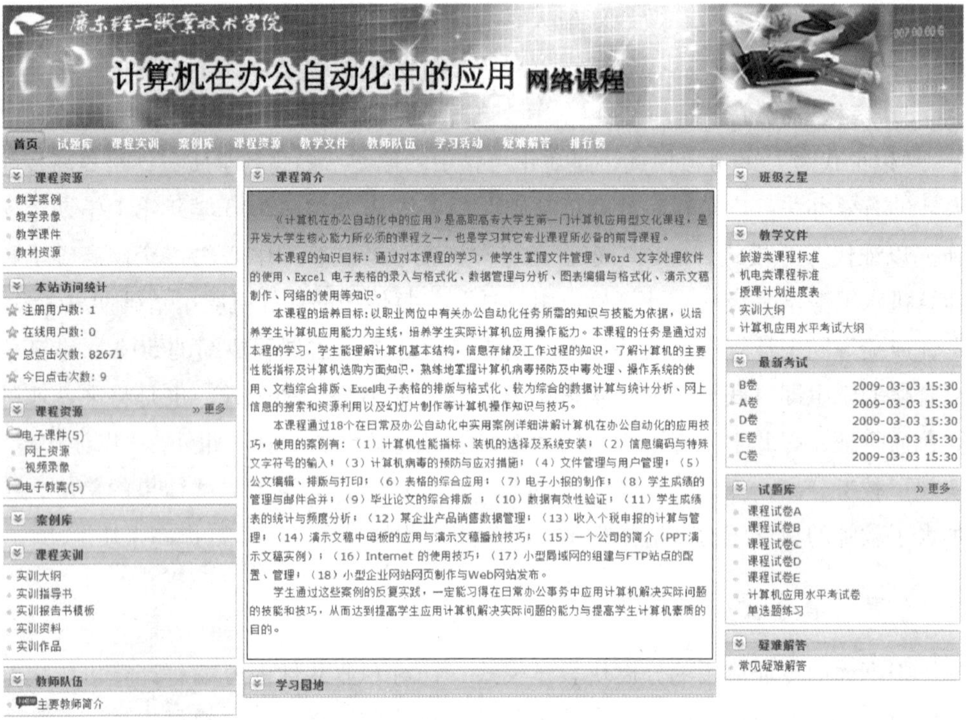

图 6－3　计算机基础网络课程主界面

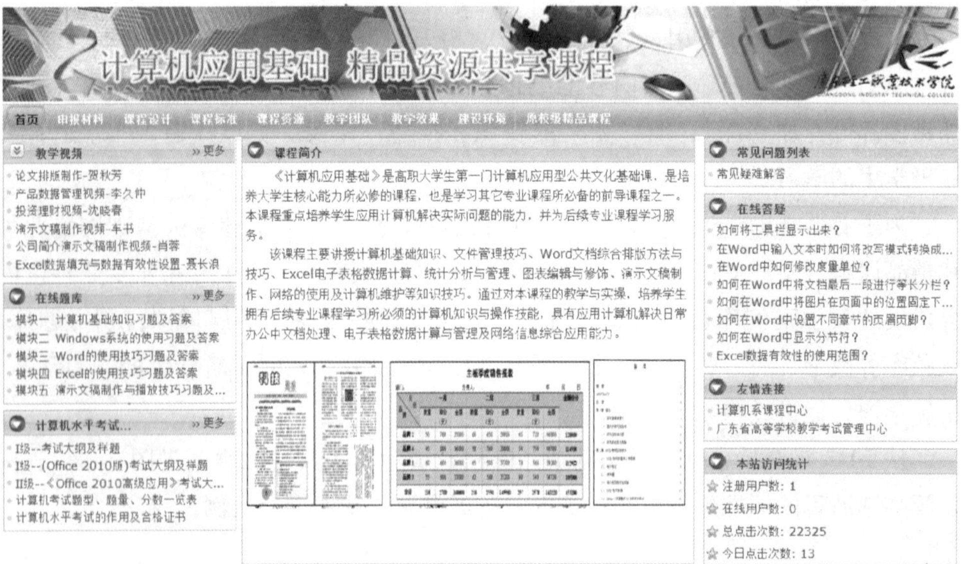

图 6－4　计算机基础精品资源共享课程主界面

（五）实施效果

我们统计了近几年学生参加分层测试和计算机等级考试的成绩情况（见表6－5）。从表中可看出，新生入学进行分层测验时，合格率非常低，只有极少数学生基础较好，能达到合格标准，经过一学期的学习，学生成绩大幅提高。从表中也可看出，随着计算机基础课程教改的实施，学生的计算机等级考试合格率也基本上是逐年提高的。

我们还就近几年学生、督导、同行对计算机基础任课教师的评价也进行了统计，表6－6是近几年的教师授课质量评价表，统计了教师授课质量评价的平均分，从中可看出，学生、督导对计算机基础任课教师的评价基本上也是逐年提高的。

表6－5　各学期分层考试和期末计算机等级考试成绩对比表

学年（学期）	分层考试				期末考试			
	实考人数	60分以上人数	合格率	平均分	实考人数	60分以上人数	合格率	平均分
2010—2011（2）	2 578	50	1.9%	31.9	2 319	1 222	52.7%	59.8
2011—2012（1）	2 689	7	0.3%	23.1	2 817	1 454	51.6%	59
2011—2012（2）	1 328	26	1.96%	33	1 396	761	54.5%	60
2012—2013（1）	2 441	37	1.5%	26	2 462	1 763	71.6%	64.6
2012—2013（2）	2 044	46	2.2%	34	2 050	1 455	71.0%	64.7
2013—2014（1）	2 343	58	2.5%	29.8	2 429	1 808	74.4%	67.0
2013—2014（2）	2 002	52	2.6%	29.1	2 402	1 783	74.2%	67.1
2014—2015（1）	2 454	48	2%	29.1	2 544	1 945	76.5%	67.9

表6－6　"计算机基础"课程教师授课质量评价表

学年（学期）	督导评价平均分	学生评价平均分	同行评价平均分	综合评价平均分
2010—2011（1）	85.5	84.8	92.8	86.2
2010—2011（2）	85.8	85.7	93.6	86.9
2011—2012（1）	86.8	85.1	93.3	86.7
2011—2012（2）	86.7	87.9	96.0	88.8
2012—2013（1）	87.8	85.4	94.0	87.3
2012—2013（2）	86.8	88.5	92.3	88.7

续上表

学年（学期）	督导评价平均分	学生评价平均分	同行评价平均分	综合评价平均分
2013—2014（1）	87.5	90.0	93.9	90.0
2013—2014（2）	89.2	90.0	92.5	90.2
2014—2015（1）	88.4	88.9	93.8	89.5

阅读链接

机电类 Word 应用案例

一、编辑数控机床设计说明书（节选）

（一）场景描述

小李到产品开发部见习，工程师安排他完成部分零件图的设计，并负责产品设计说明书的整理和编辑工作，产品设计说明书除包含文字排版内容外，还含公式计算、机械设计图、电器设计图、电子原理图等的排版和编辑，具体要求如下。

1. 按文件“案例 1 数控车床设计说明书. pdf”格式要求完成 Word 文档的编辑排版。

2. 利用公式编辑器完成设计公式的编辑。

3. 插入使用设计软件已经设计好的机械设计图、电气设计图、电子原理图，插入图纸的编辑修改与设计图的编辑修改保持同步。

4. 编写设计说明书目录。

5. 格式设置要求使用样式、页眉页脚、分节、分页等功能。

（二）知识点

本案例属于长文档排版，应用样式、自动生成目录、公式编辑器、插入对象等知识可以很快完成排版工作。

二、编制机械加工工序卡片

（一）场景描述

小李轮岗到生产部，承担产品零部件生产工艺员的技术岗位，协助工艺工程师制定零部件的加工工艺规程、制作零件加工工艺卡片，在此，小李需用表格形式完成上述内容，表格内容除包含文字外，还需嵌入零件工序图，具体要求如下。

1. 按工序卡格式完成工序卡编辑。

2. 插入用 CAD 设计软件设计好的工序图。

（二）知识点

本案例主要解决复杂表格的编辑问题，并掌握在表格中插入各种图形对象。

三、制定电子产品工艺作业指导书

（一）场景描述

小李轮岗到生产部，承担电子产品生产工艺员的技术岗位，协助工艺工程师制定电子产品的工艺作业指导书。在此，小李需用表格形式完成上述内容，表格内容除包含文字外，还需嵌入电子产品装配图例，具体要求如下。

1. 按工艺作业指导书格式完成工艺卡编辑。

2. 插入用电子产品装配图例。

（二）知识点

本案例主要解决复杂表格的编辑问题，并掌握在表格中插入图形对象、编辑自选图形的方法。

四、制作数控机床零件明细表（部分）

（一）场景描述

为准备产品生产试制，开发部要求小李整理产品的原材料、零部件清单及使用数量，并与仓库库存进行比较，确认试制产品所需的原材料、零部件。对于库存不足的部分，需向采购部提交采购清单，具体要求如下。

1. 按零件明细表格式建立 Word 表格文件。

2. 开发部要求试制数控车床 2 台，用 Word 公式计算各零部件的需要量。

3. 已知仓库库存的零部件数量，计算试制 2 台数控车床的缺料清单。

（二）知识点

本案例主要解决 Word 表格的编辑和数据计算问题，要求掌握在表格中使用公式或函数对表格数据进行简单计算。

机电类 Excel 工作应用案例

一、制作电子产品装配作业指导书

（一）场景描述

小李轮岗到生产部，承担电子产品装配工艺员的技术岗位，协助工艺工程师制定电路板元器件的装配工艺规程、制作元器件装配工艺卡。在此，小李需用 Excel 表格形式完成上述内容，表格内容除包含文字外，还需嵌入电路板装配工艺图，具体要求如下。

1. 按示例样板完成表格内容。

2. 插入电路板装配示意图，并按示例加标注。

3. 设置表格保护。

（二）知识点

本案例可用表格编辑、水印、插入图片、表格保护等工具完成。

二、产品试制用料计算与缺料分析

（一）场景描述

小李轮岗到设计部时，曾经使用 Word 表格制作了试制数控机床产品所用的零件明细表，并进行了零件用料计算和缺料分析，但他发现用 Word 表格处理这些问题比较麻烦，现在他尝试使用 Excel 表格进行处理，利用 Excel 表格强大的数据计算功能处理这些问题非常容易。具体要求如下。

1. 试制 2 台数控机床，计算每种零件的需求用量。

2. 根据零件库存数量，计算每种零件的缺料数量。

3. 根据计算的缺料数量分析缺料情况，缺料数量大于 0 表示“库存充足”，缺料数量小于 0 表示“库存不足”，缺料数量等于 0 表示“库存刚好”。

4. 输出缺料情况表。

（二）知识点

本案例可以用公式计算需求用量和缺料数量，在计算需求用量时需使用单元格引用，计算缺料数量时需使用工作表引用，使用条件函数分析缺料情况，使用高级筛选功能输出缺料情况表。

三、设备台账与设备使用记录数据的统计与分析

（一）场景描述

小李轮岗到设备维护部，协助设备工程师做好设备的日常维护并做好维护记录，同时对设备台账数据进行维护，对维护记录数据进行汇总统计，分析设备的利用率、故障率、完好率。在此，小李需用 Excel 表格记录设备台账与设备维护维修记录，并利用 Excel 表格提供的公式、函数计算功能进行数据的统计分析和汇总计算，具体要求如下。

1. 在设备台账工作表中，按设备类别统计每类设备的数量和设备原值。

2. 在设备台账工作表中，分别统计 A 类、B 类、C 类设备的数量和设备原值。

3. 在设备台账工作表中，查询设备启用时间达到 10 年以上的生产设备。

4. 在设备台账工作表中，查询每一类设备中，设备原值最高的设备。

5. 在设备使用记录工作表中，计算每一种设备的利用率和故障率，并计算每一类设备的设备完好率。

（二）知识点

在设备台账工作表中，小李可以使用分类汇总的方法计算每类设备的设备数量和设备原值，使用高级筛选进行查询操作。在设备记录工作表中按给定公式分别计算设备的利用率、故障率和完好率。

四、质量检验数据的统计与分析

（一）场景描述

小李轮岗到质量管理部担任质检员，承担数控机床零部件的质量检验，并对质管部的质检记录进行汇总计算和统计分析，根据汇总数据分析产品合格率，并对不合格原因进行分析，确定影响不良率的主要因素和次要因素。为此，需要用 Excel 表格记录和汇总数据，并利用公式和函数进行统计分析，具体要求如下。

1. 计算每一种材料或零部件的合格率。

2. 计算制动器组部件的各种不良原因所占的比率，并用三维柱形图表示。

3. 计算曲轴毛坯零件的各种不良原因所占的比率，并用三维饼图表示合格率和各种不良原因的比率。

（二）知识点

在采购检验质量统计工作表中，小李可以通过分类汇总计算每一类零件的合格率，然后用数据透视表分别计算制动组部件和曲轴毛坯零件的不良原因的比率，再把不良原因的比例数据用三维柱形图和三维饼图表示。

机电类 PowerPoint 应用案例

一、数控机床产品介绍

（一）场景描述

小李轮岗到产品销售部，担任售前支持技术员，为客户介绍数控机床产品的用途、功能、技术特点、性能参数。为此，他需要使用 PPT 演示文稿向客户展示产品特点和技术参数等内容，演示文稿要做到图文并茂、形象生动，能吸引客户的注意力，具体要求如下。

1. 按附件文档“案例 1 数控机床产品介绍. pdf”统一演示文稿格式。

2. 幻灯片播放出现动画效果。

3. 幻灯片切换要有动画效果。

4. 幻灯片切换用按钮控制。

（二）知识点

本案例可使用 PowerPoint 的模板、动画、动作按钮、母版等功能进行编辑制作。

二、机电设备动画演示

（一）场景描述

小陈轮岗到销售部后，为了更好地向客户推介公司产品，展示产品的工作原理。他想，如果用动画形式演示产品特点会更有说服力，为此，他试着在演示文稿中添加 Flash 动画，具体要求如下。

1. 按附件“案例 2 机电设备动画演示. pdf”文档设置演示文稿格式。

2. 插入“机械手. swf”“机床电气控制. swf”动画文件。

（二）知识点

本案例可以使用演示文稿模板设置统一格式，使用控件工具箱插入和播放 Flash 动画。

第七章　高职高等数学课程改革研究与实践

一、高职高等数学课程改革背景

作为高职教育公共基础课体系的重要组成，高职高等数学课不仅为高职学生提供专业学习的知识基础，在学生的人格塑造与思维习惯、思维能力、精神品质等方面有着重要的影响。然而，短视的功利主义思想导致了高等数学课程在“夹缝中生存”的尴尬局面；而现有的高等数学课程又建立在狭隘的知识基础观之上，按照高等数学的学科体系设计和组织教学已经成为一种定式思维，过分强调基础理论的系统性和完整性，知识多而全、难而深。这种偏离了高等数学本身应有的教育功能的教学，造成了数学学科价值的严重危机，造成了学生普遍存在的厌学情绪，同时也造成了教学资源的浪费，极不利于学生的创新能力、实践能力及个人综合能力的形成，直接影响了人才培养的质量。

（一）教学实践中存在的问题

1. 忽视教学内容与专业的结合

高等数学作为高职院校的一门基础课，长时间以来一直发挥着培养学生的抽象能力、逻辑思维能力和计算能力三大能力的作用。而现有高等数学教学内容与专业内容之间没有有机的联系，如同两条平行线，只见定义、定理、计算，不见其与专业问题和日常生活的密切联系，没有考虑与专业的关联度和倾向性，缺乏专业特色，严重脱离专业实际和学生的实际需求。

2. 重理论，轻实践动手能力

受传统高数教学理念的影响，大部分教师非常重视该课程的理论教学，重视数学解题技巧、理论证明的推导，而忽视利用计算机软件计算的能力。随着现代科学技术的迅猛发展，新的知识不断涌现，社会对现在的大学生的要求也越来越高，不仅要求学生具有扎实的理论基础，而且还要求学生具有较强的动手能力和一定的创新能力。为了适应这种发展的需要，高校教师就需要不断提高课堂教学的质量和效率，既要教给学生理论知识，又要教给学生处理实际问题的工具和方法。

3. **重理论，轻实际应用**

很多学生只是在学数学，但不会用数学。在教学中重视理论，但忽视了理论的实际应用，导致学生在实际问题中发现不了数学的价值，更谈不上应用数学解决实际问题了。

目前，广东轻院高等数学是1门平台课程，也就是说，不管理工、经管类任何专业，只要学生要学习该课程，第1学期的课时都是48学时，第2学期的课时是64节，但绝大部分的系和专业第2学期都不开课。教学大纲、教学内容也基本相同，这样就不可避免地存在一些弊端，主要体现在高等数学基础课与专业课就像两条平行线，各自发展，没有交集。但是由于专业的区别，所需要的高等数学知识肯定有所不同，需要的重点也不同，因而需要结合专业对“高等数学”课程进行必要的改革。但由于各种原因，例如广东轻院数学教师师资力量薄弱、学时少、基础课程受重视程度不够等，“高等数学”课程教学改革一直未提上议程。但庆幸的是，在前任院长叶小明教授的亲自带领下，主持基础课程的教学改革，使得广东轻院高等数学的改革得以顺利展开。

（二）广东轻院高等数学课程改革的发展路径

（1）淡化基础课教师和专业课教师的界限，相对固定各系的高等数学任课教师。

（2）高等数学教师到该任课所在的系、专业教研室参加教研活动，随堂听专业教师的课，了解、熟悉与专业有关的技术与学术要求和标准。

（3）高等数学教师参与专业建设，参与专业教师的科研项目及学术活动。

（4）高等数学教师到企业实践，促进教师与专业教育、生产实践、社会服务的紧密结合。

（5）定期召开学生座谈会、发放调查表，广泛征求学生的意见，了解学生的需求。

（6）高等数学教师集中教研活动，交流培训情况，研讨改革方案。

（7）高等数学教师到专业实训基地、相关兄弟院校参观学习。

（8）以经济系为试点，重组和整合知识结构，将高等数学融合到经济专业的专业基础课中。编写与之相关联的《经济数学》教材。

（9）在经济系施行高等数学教学改革，其他各系相应开展。

（10）总结经验，全面铺开。

（三）广东轻院高等数学课程改革的总体目标

（1）高等数学教师要熟悉与专业有关的技术与学术要求和标准，能讲授基础课与相关专业课相融合的课程。

（2）利用高等数学课程的基础性、工具性和先进性，为学生构建一定的科学和人文基础。

（3）解决高等数学基础知识与专业能力接轨问题。突出高等数学与专业的关联度，构建新的与专业需求相吻合的、科学的高等数学课程基础知识体系，按需开设培养核心技能的高等数学课程，实现具有职业能力和全面素质的高级技术应用型人才的培养目标。

二、高职高等数学课程改革框架设计

（一）高等数学课程改革理念

高职教育作为高等教育的一个重要组成部分，有着自己独特的培养目标和教育模式，“高素质为本、高技能为重、高就业导向、创新求发展”是广东轻院的培养目标。高等数学作为专业知识学习的基础，在实现培养高素质技能型人才的过程中，具有特殊、重要并发挥着不可替代的奠基作用。原国务院总理温家宝 2009 年 9 月 4 日谈在北京第 35 中学听课感受时强调：“教育的根本任务是培养人才，特别是要培养德智体美全面发展的高素质人才”，“中国培养的学生往往书本知识掌握得很好，但是实践能力和创新精神还比较缺乏”，“要培养全面发展的优秀人才，必须树立先进的教育理念，敢于冲破传统观念的束缚，在办学体制、教学内容、教育方法、评价方式等方面大胆地进行探索和改革”。我国人力资源和社会保障部也将“交流表达、数字运算、革新创新、自我提高、与人合作、解决问题、信息处理等”作为我国核心技能的 8 个重要模块。而这些核心技能都与高等数学教育息息相关。高等数学体现的以培养学生良好的职业道德和敬业精神、较高的人文科学与自然科学素养、信息采集分析能力和终身学习能力等职业生涯关键能力的素质教育功能，尤为突出。在提倡“以人为本”的今天，不仅要满足受教育者对职业岗位的需要，更应关注其可持续发展的需要。因此，高职教育要有前瞻性。公民的数学素质也是综合国力的一个重要因素，良好的数学素质会影响人的世界观，其一就是对于科学的坚定信念，这种信念有助于形成坚强、自信的意志和职业观念，其作用可能比信仰更强。数学的教育，绝不仅仅是一种知识的传播，更是包含能力的培养和理念的建立。数学是“一切科学的基础”。

如何实现高职人才培养目标中的人才的高等性、知识能力的职业性、人才类型的技术性，让古老的数学充满活力，取决于高职公共基础课程和专业课程有机融合的改革与创新。AOI 教育理念倡导的是职业教育与学术教育有机结合。高等数学课是为学生的就业、创业和成才而奠基的，是学生职业准备的基础，又是终身教育的重要组成部分。什么是关乎学生的就业能力和有利于其可持续发展的数学能力？怎样使学生能利用已有的数学知识去学习其专业或另外某个领域的基本知识并达到与合作者沟通的程度？成为适应社会需要的多层次人才？关注高等数学与专业的关联度，将高等数学课程和专业课程有机融合，便显得尤为重要。

（二）高等数学课程改革思路

高等数学作为高职院校的一门基础课，是各个学科的技术和专业课程学习的一个重要工具，是一门必修的公共理论课程。按照高等职业技术学院的人才培养宗旨，学生通过本课程学习，能够达到掌握高等数学的基本思想，培养学生在本专业及相关领域中应用数学分析问题、解决问题的意识和应用能力、提高综合素质的目的，为今后学习各类后继课程和进一步扩大数学知识面、就业创业生涯发展奠定必要的数学基础。同时，努力提升学生运用数学思想和数学方法分析问题和解决问题的能力及较强的自主学习、可持续发展的能力。使学生在各自的生存、发展和竞争中，得到终身受益的数学基础和应用技能。为此，我们结合高等数学课程的特点，对传统的教学进行改革，加强高等数学与专业课程的结合，培养学生在专业中应用数学的能力，保证高等技术应用型人才培养目标的实现。

为此，广东轻院设计了高等数学课改革的总体改革思路，即打破以知识传授为主要特征的传统学科课程模式，转变为以工作任务为中心组织课程内容，结合数学软件，使枯燥的学习变得有趣味，让学生喜欢数学、会用数学。让学生在完成具体项目的过程中学会完成工作任务，并构建相关理论知识，发展职业能力。具体目标为：

（1）结合各专业对数学能力、数学知识的不同要求，建立数学能力培养的课程体系。

（2）制定适应不同专业要求的数学课程标准。

（3）改革提高数学应用能力的相关课程的教学内容，课程内容结合各专业对数学知识、数学能力的要求。

（4）改革数学的相关课程的教学方法，以学生为中心，掌握高职数学基础知识和思维方法，增强运算和分析能力，提高素质，为后继课程应用和学生的可持续发展奠定基础。

课程内容突出对学生应用能力的训练，把数学建模思想引入数学课堂，从偏向文化技术和理论知识转向重视就业技能和发展能力，以校内学习与工作经验的一致性为重，行动导向重于书本知识；教学过程中，教学做一体化，以实际问题为中心导入数学基本概念和理论，通过多种途径，如应用数学概念、原理和方法并借助计算机数学软件工具解决实际问题；充分开发学习资源，如高等数学网站、数学讲座、选修课、自由学习数学软件、免费开放辅导资料、数学问题研讨会、参加全国大学生数学建模竞赛等形式给学生提供丰富的实践机会；用前沿科学和交叉科学的案例与成果开拓学生创新思维，引导学生个性发展，培养学生创新意识和应用数学能力及提高使用现代化信息技术水平；教学效果评价，将以学生为主体，从重知识考试转向重就业能力、重社会评价，重点评价学生的职业能力的养成，采取过程评价与结果评价相结合的方式。

课程着眼于学生职业岗位能力的培养和职业素质养成，关注学生终身学习与可持续性发展。为提高就业技能打基础，转向满足生涯发展的需要。就业作为促进学习的重要动力。每一章内容都是以案例驱动—理论教学—数学软件辅助教学的模式授课。课程改革的根本原则是：结合专业，在专业中熟练应用高数知识建模、研究和解决问题；有效、恰当地使用数学软件获得结果。

（三）高等数学课程改革内容

根据以上改革思路，广东轻院构建了“职业普适—专业融合—素质拓展”递进式高等数学教学模式，从调整课程结构、改变教学内容、教学手段和方法、评价方式、建设教学资源库等方面，对高等数学课进行全面的改革。

职业普适阶段既要满足规格教育，又要满足专业课程对数学知识和数学能力的基本要求。通过该课程的教学，不但使学生具备学习所需要的基本数学知识，而且还使学生在数学的抽象性、逻辑性与严密性方面受到必要的训练和熏陶，使他们具有理解和运用逻辑关系、研究和领会抽象事物、利用数形规律的初步能力。同时也需要数学实验来提高学生的实践能力和综合素质。

专业融合阶段内容的确定由各专业课教师和数学教师共同研讨，针对不同专业的特点设置不同的应用模块。课程紧扣高等数学与各专业的关联度，根据不同专业发展需要，分别设计教学内容，纳入贴近学生专业和职业就业需要的高等数学知识，将高等数学融合到各专业的专业基础课中，解决教什么、怎么教的问题。它的主要特点是体现专业性，所有内容都要体现应用，让学生感受到“数学就在我身边”。如经管类专业，增加讲授单利、复利、年金及年金终值等知识。这一模块的授课方式相对灵活，可以采用讨论式或双向式教学，亦可把某一专业技术问题的数学应用展开，可由有工程背景和实践经验的专业课教师来承担教学任务。这种跨学科的教学模式的设置，对学生的思维方式及创新能力的培养是十分有益的，也是一种全新的尝试。从某种意义上说这是理工结合、多学科交叉融合的切入点，符合培养应用型人才的需要。

素质拓展阶段内容的确定是为准备继续深造或者所学专业对数学有特殊要求的学生制定的。在这一模块中通过介绍一些现代数学的思想、方法和研究内容，使学生对目前最新的数学工具及其发展趋势有所了解，以便他们日后自学、提高；通过数学建模思想、方法的渗透以及应用实例介绍数学建模过程，从而引入数学概念；同时开设数学实验，培养学生用数学知识解决实际问题的意识与能力。

三、高职高等数学公共基础课改革的实施

（一）修订教材，精选教学资源

为更好地配合高等数学课程改革与实践，必须建立本课程教学资源库。建立完整的教学文件及课程资料库，包括课程教学标准、授课计划、教学整体设计、教学单元设计、教学课堂设计；建立教师教学资源库，包括教材、多媒体课件、电子课程教案、试题库、数学实验素材；建立学生学习资源库，包括习题集、习题集解答、自测题及解答、学生阅读资料、网络课程资料。通过对全校各专业的调研，充分了解各专业特点，广东轻院高等数学改革小组把全校的专业分为两类，分别是“理工类”和“经管类”，并编写了相应的教材，一是由黄国荣主编的《经济数学》；二是由吴静主编的《应用数学（理工类）》。根据各专业特点，在教材里增加较多与专业有关的应用。

教学内容的选择应当考虑以下几个方面。

（1）数学知识的覆盖面不宜太宽，应突出重点，不过分追求数学自身的系统性、严密性和逻辑性，淡化数学证明和数学推导。

（2）重视知识产生的历史背景知识介绍。在教学中应重视相关历史背景知识的介绍，激发学生的学习兴趣。每一个概念的引入应遵循实例—抽象—概念的形成过程。

（3）重视相关知识的整合。如在一元微积分部分，可将不定积分与定积分整合，先从应用实例引入定积分的概念，再根据定积分计算的需要引入不定积分。

（4）强调重要数学思想方法的突出作用。强化与实际应用联系较多的基础知识和基本方法。加强基础知识的案例教学，力求突出在解决实际问题中有重要应

用的数学思想方法的作用，揭示重要的数学概念和方法的本质。例如，在导数中强调导数的实质——变化率；在积分中强调定积分的实质——无限累加；在微分中强调局部线性化思想；在极值问题中强调最优化思想；在级数中强调近似计算思想。

（5）注重数学建模思想、方法的渗透。通过应用实例介绍数学建模过程，从而引入数学概念；同时开设数学实验，培养学生用数学知识解决实际问题的意识与能力。

（6）选择适当的教学定位。根据高职高专教学实际，有针对性地选择适当（特别是在例题、习题、应用案例及实验题目等方面）的教学内容，应尽力淡化计算技巧（如积分技巧等）。

（二）改变教学手段和教学方法

1．多种教学方法的灵活应用，充分调动学生学习的主动性和积极性

将多种教学方法引入课堂，如讲解式教学法、案例驱动教学法、启发式教学法、研讨式教学法、情境教学法、实验教学法、体验教学法等。对于每一种教学方法都有其特殊的要求，对于不同的教学内容、不同的情境，采取的教学方法也略有不同，不拘泥于某一种教学方法，利用各种教学方法调动学生的积极性，提高学生的学习兴趣，使学生成为学习的主人。

（1）讲解式教学法。

目的：教师借助多媒体能展示较多的信息量，学生在有限的时间内获得较多的知识。

实施过程：教师主要靠课堂讲授来完成教学任务，主要用于大跨度的内容简介、公式推导证明、例题讲解、内容总结、习题课等。

实施效果：通过教师的讲解学生能够较轻松地掌握大量知识，接受快，教师容易调整进度和控制时间，主动性强，但学生的学习是被动的，有些内容印象不深。

规模：学期初期、人数多的合班课、课时较少的专业、理论性较强的内容、习题或复习课等，一般都用此法，而且要与其他方法结合使用。

（2）案例驱动教学法。

培养学生学以致用的能力。加大案例教学，增加与实际生活，特别是与现代技术结合紧密的数学案例。如人口预测、股市曲线分析、传染病发展趋势分析、死亡时间的鉴定等。不仅如此，我们还将数学建模中分析问题、处理问题、提炼模型、求解模型等分析、思考、解决问题的过程、思想和方法融入教学，让学生养成分析实际对象、建立数学模型的习惯，并初步具备将一般性的实际问题抽象化、提炼成数学问题并建立数学模型的能力。以实际问题的求解过程为铺垫，引出数学知识，再将知识应用于处理实际问题，进行抽屉式布局，强化知识的应用，培养学生分析、处理实际问题的能力。对于高职高专学生，此教学方法具有很强的针对性。

（3）启发式教学法。

启发式教学，引导学生主动学习和思考。每个知识都用引问开始，如导数用驾车的速度（瞬时速度）引入，定积分用不规则图形的面积计算引入，级数用弹球路程、无理数 e 的确定等引入，引导学生积极思考问题，并带着问题往下学习。同时，简明扼要地穿插相关数学史的介绍，数学史本身就是一部人类科学史，通过数学史的介绍，让学生正确、全面地了解知识的产生过程，弄清知识的来龙去脉，并能对学生进行科学精神的熏陶，激发学生的学习兴趣。

（4）研讨式教学。

教师采取少讲多练，同时，把数学建模中的一些教学方法移植到数学教学中来，设置创新意境，诱导创新思维。在学习每章之后，教师还精心编制大量思考题和综合思考题，如海岸线问题、选址问题、电缆长度的计算等，在学生深入思考的基础上，展开激烈的讨论，课堂教学充满了生气，改变了学生被动学习的局面，激发了学生的思维。

（5）情境教学法。

采用情境教学法的目的在于加深对数学知识和方法理解，使数学理论与实际应用得到很好的结合。

情境教学法的实施就是在数学问题的环境制约下完成数学的思维过程。主要方法有实物情境法和数学情境法。

实物情境法主要是通过学生通过观看与内容有关的模型或实物，使他们自然地融进数学环境，经教师由表及里的提示或引导，学生的思路会进入更理性的境界，经过一定的概括总结，形成抽象的富有指导意义的数学问题。一般地，讲授有关概念、问题的引入、数学原理的应用、实际问题等内容采用实物情境法。

数学情境法则通过介绍数学家的思维活动过程，挖掘数学认识动机、内在联系及知识的产生和发展的情节为主体的教学手段。一般地，讲授数学史、问题的由来、人名定理、思想方法等内容采用数学情境法。

上述方法的共同特点是将所讲授的内容更多地与实际问题联系在一起，以更好地激发学生学习数学的兴趣。在教师有目的的引导下，通过自学、讨论、精讲、小结、作业等教学环节，调动学生的主观能动性，培养学生的自学能力，体现

“学为主体、教为主导”的教学原则。优选教学材料、拟定自学思考题、组织课堂讨论是这一教学方法的重要环节。实践证明这一方法符合学生的认知规律，取得了理想的教学效果。

（6）实验教学法。

通过实验设备或教具等的演示，对实物或模型的操作，或虚拟情景的视觉反应等方式，引导学生进入数学问题，经过理性处理形成抽象的数学原理与方法。从实验中去学习，探索和发现数学规律，增强学生学习数学的兴趣。可以使学生在学习数学内容时能有现实的形和物做想象载体，有助于深刻地理解，在后续课程的学习及技能的掌握时能将知识进行有效迁移，在解决实际问题时能建立数学模型，促进数学建模活动的开展。

（7）体验教学法。

通过对实体的观察或操作、综合系统的解剖、工作环境体验等情境接触，使内在的数学问题显现出来，把数、形、物相结合。在解决实际问题时能联想到数学的存在和快捷的处理方法，使数学方法能迅速浮现于眼前，探索模型建立和解决的方法，在失败与成功中获得真知。

2. 将传统教学手段与现代教育技术相融合

（1）充分利用多媒体设备。

在以往的高等数学教学中，大部分教师是靠一支粉笔、一块黑板，但是这样，要花很多时间在书写定义、定理和例题上面，使得真正授课的时间和授课内容较少，而使用多媒体课件辅助教学，可以节省大量的时间，使教师把精力放到重点、难点的讲解分析上，使用 Mathematica 数学软件①可以动态、直观地展现一些抽象的函数图象、数学过程、问题环境等，使学生更好地认识和理解数学的定义和定理，图文声并茂，立体化感觉好，深受学生欢迎，但是它毕竟只是辅助教学的软件，不能完全替代教学的功能和教师在教学中的主观能动性。在一些公式的推导和定理的证明中，还是要用粉笔慢慢推导，有一个思维的过程，学生更容易掌握。也就是说多媒体教学还是要与粉笔书写相结合，二者结合得好，可以使得课堂的教学生动起来，教师就有较多时间去介绍数学概念背景知识，激发学生的学习兴趣，提高学生运用数学知识的能力，使教师的教学会更加生动多彩，有利于全面提升教学的效果。

---

① Mathematica 数学软件，是一款以数值计算见长的软件，内置了大量的工具包，功能强大。随着它自身的不断发展，Mathematica 也具有其他一些功能，如数据可视化、符号计算等。由于 Mathematica 语言简洁灵活，易学好用，所以在工程计算、教育教学等领域有着广泛的应用。

（2）建设精品课程。

在广东轻院公共基础课多元化自主学习平台上，学生可以找到高等数学的相关学习资料，包括基本资源、学习案例和题库资源，学生可以通过网络进行自主学习，还可以与授课教师通过网络进行互动学习、讨论和交流。这样，形成了以课堂为主线，课外为辅线的资源丰富的精品课程资源，为学生提供了充足的自主学习环境，为“优化课内，强化课外”的教学模式提供了条件。

3．更新教育思想，加强过程管理，注重综合能力的培养

课程教学中采用案例引导、动画示范、实验演示、实境体验等形式，吸引学生注意力，激发学习兴趣，使学生的情感真正融入数学的境界中，通过解题运算使问题得以解决，其中，过程是关键。刚入学的高职学生数理概念没有完全形成，对于一些新的方法找不到很好的感觉，难以深入解题。在教学设计时，把数学中的定理、结论、公式、运算法则等提炼成运算技术，把一些思想方法、转换过程提炼成解题技术与方法，使学生能够按步骤操作，再加以反复演练，直至熟练掌握，提高学习效果，注重综合能力的培养，把所学的知识较好地融入数学建模中去。

4．考核与评价

考核把平时的学习效果与期末考试结合起来，期终统一考试仅占50分，平时的作业、阶段测验、实验、实践等占50分。这样可使学生把精力用在平时的学习中，教师还可结合不同专业和班级采用灵活多样的考核方式，如撰写小论文、引入数学建模活动等方式，从而提高数学应用能力。

（三）模块实践一体化教学模式

广东轻院的高等数学课在调查研究和理论研究的基础上，明确了高职高等数学的教育目标，形成了高职高等数学课程教学模式：模块实践一体化。方案的核心是把高等数学课程内容分为三个模块，即职业普适、专业融合、素质拓展，而每个模块内容按照“从专业中来，到专业中去”这一原则选取适应各个不同专业需求的教学内容，体现“从实践中来，到实践中去”这一基本原则。

“职业普适”是教学内容的主体为培养多数专业所需要的数学基本概念、基本思想和基本方法。以介绍数学对象的数值计算、图形特征为主，包括一元微积分基本概念、应用、简单数值计算与演算方法等。它包含高等数学课程中的最基本的内容，对各专业的学生都是公共必修课。围绕“从实践中来，到实践中去”，这一部分内容将打破统一教材、统一教纲、统一教案的框框，根据不同专业特点选用不同的教材或进行教学内容重组、编写不同的教学大纲和教案，这样的安排充分体现了“必需与够用”的原则。

“专业融合”是为学生所学专业对数学课程有特殊要求或准备继续深造的学生设置的。即依照不同专业，有侧重地选择而整合成模块。这一模块以数学对象的代数特征为主。这部分教学内容将更结合专业，紧扣专业，例如在机电类专业中开展工程数学课程，在计算机类专业中开展计算机数学基础课程，在经管类专业中开展概率论与数理统计课程。在高职学生中对有“专升本”意愿和能力的学生开设选修课程，内容紧扣考试大纲。

“素质拓展”是指综合数学知识和专业知识，通过数学模型解决实际问题。内容包括数学建模的思想和方法，对数学软件的使用，通过建立数学模型，对模型求解进而解决实际问题。这一模块的特点是体现数学的应用性，让学生感受到数学的应用价值，其授课方式可灵活多样，采用“讨论式”或“双向式”以及案例教学、实践教学等教学方法。

三个模块虽在内容上有所不同，但都遵循同一原则，即“从实践中来，到实践中去”，而实践的手段则是通过数学软件，将其引入数学实验课。

（四）质量为本的模块化评价模式

树立科学的质量观是数学课程评价改革的前提，在高等职业教育体系中，学习评价是为了促进每一个学生作为整体的人的全面的、能动的发展，而不仅仅是为了甄别学生的数学学习水平和智力发展水平，要尊重学生个体之间的差异，将学生在学习过程中的全部情况都纳入评价的范围。与传统的评价方式强调期末考试成绩不同，评价改革应注重学生学习数学的态度、动机与兴趣，关注学生与同伴交流与合作共同探索问题的能力，尊重学生自评和互评的结果。

学生的总评成绩分成三块：一是平时成绩（占 20%），包括平时作业、提出问题、上课发言、数学实验成绩等；二是开放式考试成绩（占 30%），这部分考核以数学建模的方式进行，由学生自由组合，3 人一组，教师事先设计好题目（例如按揭贷款月供的计算），规定完成的最后期限，学生可根据需要查找相关资料，并对计算的结果进行数据分析，结合实际给出可行性建议，最后以论文的形式上交评分；三是闭卷考试成绩（占 50%），这部分以考核学生基本概念、基本计算能力为主，按传统的考试方式限时完成。

四、高职高等数学公共基础课的改革成果

“积学以储宝，酌理以富才”，高等数学课可以培养学生的综合素质、提升学生运用数学思想和数学方法解决实际问题，加强数学与各专业及其他领域之间的

联系，以便于学生的可持续发展。广东轻院的高等数学课程改革取得了良好成效，培养了学生运用数学去分析问题、解决问题的能力，这种能力不仅表现在对数学知识的记忆，更主要的是掌握数学的思维推理方法。数学独有的思维与推理方法能长期发挥作用，甚至受益终身，因为其是创造的源泉，是发展的基础。对人文类学习者而言更培养了我们的理性思维能力，使得思考诸多问题时更加严谨全面。数学是观察世界的一个学科，它有助于精确理解世界的每个方面。几乎所有的地方都会用到数学，数学无处不在。没有数学支撑的学科是无法想象的。

广东轻院的高等数学课教学效果得到了学生的肯定和认可，学生在课后这样评价："高等数学主要的学习方法是课堂的学习，即老师授课学生听课再在其间穿插一些交流讨论的方式。通过学习'高等数学'这一课程我学到了以下几点：一是使我从初等数学向高等数学实现了转换，数学知识进一步得到提高，同时也让我了解了什么是高等数学；二是所学的导数、微积分之类的知识和我所学的通信专业是有密切联系的，这对专业的学习很有帮助；三是它提升了我运用数学思想和数学方法解决实际问题的能力。"学生也注意到教学方法的改变，并如此评价高等数学在能力培养方面的作用："'高等数学'这一课程我总结有以下几点：一是由侧重选拔转向侧重学生发展。以人为本，以学生发展为中心。该门课程很好地锻炼了学生的思考能力，为以后学生从事工作，养成用脑思考的习惯打下基础。二是在学习这门课的过程中，通过练习很多数学题，锻炼同学们严谨的思维方式，使学生做事更加周密、细致。三是课堂学习气氛高，课堂上同学们积极回答老师的提问，对一些不解的问题，能积极地进行讨论。四是老师上课风趣，把原本比较枯燥的课程教得很生动，很容易理解，从而激发了同学们学习的热情。"

通过课程改革，学生学习高等数学的兴趣明显提高了，应用数学解决实际问题的能力也提高了，在2013年全国大学生数学建模竞赛中，共获得1个全国二等奖、1个省一等奖和6个省二等奖，并且是全部参赛队都获奖；在2014年全国大学生数学建模竞赛中，共获得2个全国二等奖、4个省一等奖、2个省二等奖和1个省三等奖，全部参赛队均获得奖项。

五、高职高等数学课程改革的实践案例

（一）案例一：三阶段课程设计

1. 课程的设计理念

根据"重视数学基础、服务后继课程、融入建模思想、促进实际应用"，广东轻院构建了"职业普适—专业融合—素质拓展"三阶段的高职数学课程体系。

2. 课程的设计思路

整个高职数学以“高等数学”课程为主修，外加知识拓展和提高的思路进行设计，将“高等数学”课程分为职业普适和专业融合两部分，两部分内容共 112 学时，其中课程内 102 学时，业余安排 10 学时（主要是上机实验和体验性实践性等内容）。各部分设计思路如下：

（1）职业普适部分设计思路。

数学基础部分为选修和必修，目的是保证有足够的数学基础知识做后续内容和应用的铺垫，并为同期课程直接应用。

（2）专业融合部分设计思路。

专用数学部分为专业必修，按专业不同分成四大类：机械类、电气类、计算机类、经管类。目的是使学生在学习后续课程时有必备的知识支持。

（3）实践教学设计思路。

由于高等数学知识的高度概括和抽象，其实践教学的内容主要设计在问题引入、过程推导、结论证明及在计算机上的应用等，采用直接和间接的形式让学生参与其中，手脑并用，提高学生发现问题、分析问题和解决问题的能力。

其一为数学实验。采用数学实验的是使学生掌握数学实验的基本思想与方法，培养学生从问题出发，主要借助计算机及数学软件，通过学生亲自操作，体验解决问题的全过程，培养学生进行数值计算与数据处理的能力。从实验中去学习、探索和发现数学规律，增强学生学习数学的兴趣。

在熟悉 Mathematica 常用数学软件的基础上，以问题为载体，通过上机实验，学会用计算机解决大量的数学问题，为以后的信息查询、计算等提供方便，并解决课时少、内容多的矛盾。

其二为体验性实践。通过对实体的观察或操作、综合系统的解剖、工作环境体验等情景接触，使内在的数学问题显现出来，把数、形、物相结合，经过理性处理形成抽象的数学原理。探索模型建立和解决的方法，在失败与成功中获得真知，可以使学生在学习数学内容时能有现实的形和物做想象载体，有助于深刻地理解；在解决实际问题时能联想到数学的存在和处理方法，使数学能迅速浮现于眼前。

（4）素质拓展的设计思路。

其一，数学拓展为业余选修，是对“高等数学”课程的延伸或补充，内容分为实际应用、数学爱好和数学提高 3 个类型，每门 32 学时，每学期并行开设互不冲突。实际应用的数学内容有数学建模、优化方法等，是与实际问题结合比较紧密的数学方法和实验项目，除讲授理论和方法，还与数学建模协会配合开展活动，如数学建模竞赛、技术实践等，主要为建模竞赛培训队员。数学爱好的内容分别有数学文化、数学思想方法、数学与科技、数学与经济等，主要为那些爱好数学的学生增加数学素养，加深对数学科学的了解。

其二，数学提高部分的内容理论是对数学知识的深化，主要为个别专业或有意愿继续深造的学生提供学习机会。

3. **课程评价设计思路**

课程考核是课程设计的最终环节，由于高职教育的特殊性，必须改变以往平时成绩加期末成绩的考核方式，把实践教学列入考核，提高学生应用数学、参加数学竞赛的积极性。

4. **内容设计技巧**

（1）创设学习情境加深学生与数学的情感交流。

课程教学中采用案例引导、动画示范、实验演示、实境体验等形式，吸引学生注意力，激发学习兴趣，使学生的情感真正融入数学的境界中，加深理解，提高教学效果。

（2）构造知识载体化抽象为具体。

数学用高度概括的定义、定理、公式等形式来表现，高职学生由于基础薄弱接受起来较为困难，把重要的知识（点）构造成知识载体，使有形物体的形状、结构、功能、运动状态等特征与知识（点）中的符号意义、条件、内在联系、结论等相对应，以直观、形象地反映问题，在学习和应用时有丰富的想象载体。

（3）提炼技术方法增强解题的可操作性。

数学应用的主要途径是：在定义、定理、公式等支持下，通过解题运算使问题得以解决，其中，过程是关键。刚入学的高职学生数理概念没有完全形成，对于一些新的方法找不到很好的感觉，难以深入解题。在教学设计时，把数学中的定理、结论、公式、运算法则等提炼成运算技术，把一些思想方法、转换过程提炼成解题技术与方法，使学生能够按步骤操作，再加以反复演练，直至熟练掌握，提高学习效果。

（4）拓宽信息技术渠道扩展数学应用领域。

课程中提供给学生的数学知识和方法是有限的，不可能满足后续课程的全部需要，而且按现代科技发展的速度，要求学生掌握的数学知识和方法会更多，运用数学软件进行简单的编程，可以解决大量复杂的数学问题，提高数值计算、数据处理和数据可视化的能力，扩展数学应用领域。

（5）开展数学建模活动提高数学综合应用能力。

课程内融入数学建模，业余时间广泛开展数学建模活动，培养学生对实际问题的分析能力、数学转化能力、自学能力、语言表达能力和创新能力。

（6）融数学应用于技术实践培养学生早期创新能力。

课程内把关键的数学原理开发成数学应用技术模型，业余时间组织学生开展技术实践活动，制作出实用模型或产品。实践活动加深了学生对数学的理解，增进对后续课程和专业知识的了解，培养学生早期创新能力。如变上限积分函数开发成面积测量仪、积分器和微分器。定积分的微元法，可与普通车床的机械加工过程相结合，开发出技术模型。学生设计制作时，会主动去了解一些机械原理或系统装置，把数学与后续课程联系起来。

（二）案例二：专业融合的教学设计——以经济信息管理专业为例

1. 结合专业理论教学整合教学内容

（1）增加与专业相关的内容。

经济信息管理专业实际上偏向统计专业，在该专业中，“概率论与数理统计”和“统计学实务”两门课程显得尤为重要，而在这两门课程中，都会大量地用到高等数学中的某些微积分内容，例如，在概率论与数理统计课程中的正态分布章节中要用到高等数学中的变限积分内容，但在所用教材和高等数学教师授课中并未讲述该内容，导致教师在讲授概率论与数理统计课时，又要马上补充变限积分的内容，但学生接受新的内容需要一个过程，使得授课不连贯，不利于学生掌握。所以，在课程改革中，第一个增加的内容是变限积分，需要 1 个课时讲授。在统计学课程中，重积分显得尤为重要，但在该专业的高等数学课程中没有讲授重积分，由于专业的需要，我们增加了偏导数与重积分的内容，需要 4 课时。另外，从以往的教学来看，学生对于积分的掌握不够熟练，主要是由于这一部分的学时安排较少，授课时间少，在改革中，要适当增加该部分的学时，并增加课堂练习时间，让学生熟练掌握积分，打下好的基础，便于以后专业课程的学习，这样还需要增加 2 个学时，但由于总课时是 48 学时，只能删除一些次要内容。

（2）删减和整合的内容。

相对而言，极限内容对于经信专业不是特别重要，所以我们对该章进行了内容删减和整合，在该章中先讲清楚极限的定义然后来讲授两个重要极限、等价代换并将洛必达法则放在该章讲授，最后提一下函数连续的概念，可以预留出 4 个课时。在导数中，不讲授隐函数的导数并适当加快授课进度，可以预留出 2 个课时，与所增加的课时相抵消。课程内容，要求与学时安排见表 7 - 1。

表 7－1　广东轻院经信专业高等数学课程教学内容安排

单元名称	学习项目	知识要求	技能要求（含素质要求）	学时
函数的极限	案例 1 项目 1 函数的极限 项目 2 无穷小 项目 3 函数的连续	掌握极限的四则运算法则，两个重要极限，无穷小，连续性质	会极限的四则运算法则，两个重要极限，无穷小，连续性质	10
导数及其应用	案例 2 项目 4 导数 项目 5 微分 项目 6 导数的应用	掌握导数的运算法则及导数的应用	会导数的运算法则及导数的应用	20
积分及其应用	案例 3 项目 7 不定积分 项目 8 定积分 项目 9 积分的换元法 项目 10 积分的分部积分法 项目 11 广义积分	掌握积分的换元法和分部积分法，掌握变限积分	会不定积分、定积分的计算，会用变限积分	18
复习				2

2. 将 Mathematica 数学软件引入教学中

因为课时有限，为了增加学生的数学动手能力，我们让学生自学教材里编写的数学软件 Mathematica，在第一周将软件安装给学生，并先留一个数学作业，画一个一元函数的图象。让学生回宿舍自己安装并自学，在每一章讲授结束时留相应的作业，让学生回去上机练习，在这当中，学生会发现很多问题，我们鼓励学生多动手多问，大家相互讨论。在课堂上，容易的部分可以安排学生打上标记上机时自学和练习，有意培养他们的自学能力，获取知识的能力远比知识本身更为重要。下课前布置上机作业，并限定日期完成，防止学生松懈则教改成果前功尽弃。上机作业与上课时题目类似，以巩固强化课上成果。需要注意的是，新的教学办法实行几次课后，学生大多处于饱和状态，他们遇到的问题很多，未能解决的也很多。这时教师很有必要进行一次习题课来帮助学生对学过的知识进行梳理和总结。当然进行习题课的时机则由教师根据教学内容的难易程度等具体情况而定。

3. **将案例学习引入教学中**

在极限、导数和积分这三个单元分别引进一个案例，在授课前拿出15分钟的时间让学生以小组（每小组约为7人）为单位来讨论，学生的讨论可能不够完善，但会发现很多问题，也会提出一些很有想法的问题，有的问题课堂上就能解决，还有些问题要学习完本章后才能解决，当学习完该章后，让学生以小组为单位提交一篇论文。将案例引入课堂教学中，可以提高学生发现问题、解决问题及应用数学的能力，有的学生还学会了如何搜索文献，寻找自己想要的相关文献。

4. **教学方法与手段的改革**

我们重点应用了三种教学方法，第一种是“特殊点观察法”的教学方法，所谓特殊点观察法是指将学生的高考数学成绩记录在案并结合学生的数学基础将学生分成优良中差四个等级，对于课堂上讲授的内容如果要求全体同学都要掌握的，就提问两到三名最差的学生，如果他们都掌握了，我们就认为全体学生都掌握了该内容，如果这几名学生中还有没掌握的，就再讲授一遍。如果讲授的内容较难，例如公式的推导，只要求优、良学生掌握，就在优、良学生中提问。通过这种方法可以很好地了解学生对知识点的掌握情况，从而很好地完成教学要求。第二种是提问式教学方法，在课堂上多提问提前设计好的问题，这些问题不用太难，以免打击学生的学习积极性，问题要简单，大多数学生只要听课都能回答上来，通过提问，可以牢牢地“牵着学生的思维”，让学生不停地思考，使得教学过程流畅。第三种是我们在课下提出的“好带差法”，是指根据学生的成绩，将全班的学生分成若干个小组，每个小组7名学生左右，要求每一组好学生要帮助差生，将差生的成绩提高至中等或者良好。通过这种方式不仅可以提高差生的成绩，还可以增强班级的凝聚力，达到净化学风、班风的效果。另外，适当运用讲解式教学法、启发式教学法、情景式教学法、小组讨论法等。找工作过程中一些实际问题，主张用问题启动学生的思维，让学生具有解决问题的能力。每种教学方法都有特殊的要求，依据教学内容的不同选择与其相适应的教学方法，可以大大提高学生的学习兴趣，提高教学效果和教学质量。

5. **课程的考核评价**

以往的考试，学生平时成绩占40%，卷面成绩占60%，导致学生平时不是很认真，考试前突击的现象比较严重。现在，改变过去的答卷考试的单一考核方式为过程评价和考核评价相结合的方式，平时成绩占20%，小论文占30%，卷面成绩占50%，小论文主要采用与生活接近的一些实际问题，例如从等额本金和等额本息两种还款方式计算贷款购房与一次性付清的差别、椅子如何放平稳等。

6. 课程学习项目设计参考方案

表 7－2　广东轻院经管类专业高等数学课程学习项目设计表

编号	项目	学习任务	知识目标	技能目标
1	项目 1　函数的极限	任务 1－1：极限的概念	表示数列和函数极限	会表示极限
		任务 1－2：极限的运算	极限四则计算	会极限四则计算
		任务 1－3：两个重要的极限	两个重要的极限的灵活应用	会用两个重要的极限求极限
2	项目 2　无穷小	任务 2－1：无穷小与无穷大	表示无穷小与无穷大和无穷小的比较	会用无穷小与无穷大的关系
3	项目 3　函数的连续	任务 3－1：连续的概念	表示函数的连续	会表示函数的连续
		任务 3－2：初等函数的连续性	求连续函数的极限	会初等函数的连续性
		任务 3－3：闭区间上连续函数的性质	表示函数的介值和最值	会介值和最值定理
4	项目 4　导数	任务 4－1：导数的概念	表示导数	会用定义求导数
		任务 4－2：导数的运算	计算函数的导数	会导数的四则运算
		任务 4－3：高阶导数和隐函数的导数	计算高阶导数和隐函数的导数	会高阶导数和隐函数的导数
5	项目 5　微分	任务 5－1：微分的概念及运算	求函数的微分	会微分的运算
6	项目 6　导数的应用	任务 6－1：洛必达法则	用洛必达法则求不定式的极限	会洛必达法则
		任务 6－2：函数的单调区间	求函数的单调区间和极值	会判断函数的单调区间和极值
		任务 6－3：函数凹向区间和拐点	求函数凹向区间和拐点	会判断函数凹向区间和拐点
		任务 6－4：函数的极值和最值	求实际问题的极值和最值	会函数的极值和最值
		任务 6－5：分析作图法	用分析作图法画函数的图形	会分析作图法

续上表

编号	项目	学习任务	知识目标	技能目标
6	项目6　导数的应用	任务6－6：利用导数研究经济问题	求边际和弹性	会求边际和弹性
7	项目7　不定积分	任务7－1：不定积分的概念	表示函数的不定积分	会表示函数的不定积分
		任务7－2：直接积分法	用直接积分法求不定积分	会直接积分法
		任务7－3：不定积分第一换元法	用第一换元法求不定积分	会第一换元法
		任务7－4：不定积分第二换元法	用第二换元法求不定积分	会第二换元法
		任务7－5：不定积分分部积分法	用分部积分法求不定积分	会分部积分法
8	项目8　定积分	任务8－1：定积分的概念	表示函数的定积分	会表示函数的定积分
		任务8－2：牛顿—莱布尼兹公式	运用牛顿—莱布尼兹公式	会用牛顿—莱布尼兹公式计算
		任务8－3：定积分的换元法	用定积分的换元法求定积分	会定积分的换元法
		任务8－4：定积分的分部积分法	用定积分的分部积分法求定积分	会定积分的分部积分法
		任务8－5：广义积分	求广义积分	会广义积分

第八章　高职应用文写作课程改革研究与实践

一、高职应用文写作课程改革背景

（一）应用文写作的定位与历史

应用文的历史由来已久，随着文字的产生就有了应用文的写作，且应用文的发展和社会各历史阶段的发展相辅相成，它孕育于原始社会，萌芽于奴隶社会，成熟于春秋战国时期，汉至南北朝得到迅速发展，唐宋成为高峰期，元明清代得到稳定发展。

随着现代信息技术的发展，人们越来越重视应用文写作能力。奈斯比特在《大趋势》一书中说："在这个知识密集的社会，我们比以往任何时候更需要具有基本的阅读和写作能力。"美国未来学家阿尔温·托夫勒也指出，信息时代家庭工作的任务是编制电脑程序、写作、远距离监测生产过程。信息时代社会家庭化，作为三项家庭工作任务之一的写作，自然不是文学写作而是文章写作，特别是应用文写作。我国著名教育家叶圣陶先生在《作文要道》一书中指出："大学毕业生不一定要能写小说、诗歌，但一定要能写工作和生活中实用的文章，而且非写得既通顺又扎实不可。"美国斯坦福大学校长约翰·亨里斯说："大学生能力的培养，首先的、也是最重要的，就是写作能力的培养，能写好现代应用文是大学生基本的能力与素质要求。"

进入21世纪，应用文与我们的生活更加紧密相连，其习作技巧和理论也更加趋于完善。应用文写作能力是一个人的职业核心能力之一，许多企事业单位都把应用文写作能力看作是从业人员必备的素质和技能，把它同谋生、职薪、生活水准联系在一起，成为人们的一种竞争手段。并且，在现代社会生活中，任何新思想、新发明、新技术、新成果和新产品的传播和使用，都离不开语言、文字、图表三种表达方式，而应用文作为这三种表达方式的信息载体和交往工具，日益深入社会政治、经济、文化、科技、生活等各个领域。

（二）广东轻院应用文写作课程的改革历程

应用文写作课是培养各专业学生写作能力和基本职业素质的公共基础课程。此课程在广东轻院的发展经历了三个阶段。

1．初始阶段（1999—2001 年）

广东轻院于 1999 年升格为高等职业院校，但当时应用文写作课没有专门的教材，没有配套的资料，培养目标也不清晰，应用文教学内容依附于大学语文中。在实际的教学中，担任“大学语文”课程教学的教师往往都是科班出身于汉语言文学专业，大部分教师也没有接受过专门的应用文写作教育，更缺乏应有的应用文写作的实际经验，所以应用文写作部分的教学乏味无力，在教与学中，师生更注重文学作品的阅读与欣赏，而对应用文书的写作往往是一晃而过。

2．成熟阶段（2002—2007 年）

2002 年起，广东轻院的所有文科专业统一开设“应用文写作”课程。2005 年开始，在全校所有专业开设，进行了大力度改革与建设。一是成立文秘教研室，负责全校“应用文写作”的课程教学，实现了课程的归口管理，更好地促进了课程的改革与发展。二是建立了一支稳定的课程教学师资队伍，其中校内行政兼职教师占 20%、企业兼职教师占 30%、专职教师占 50%，这支由 30 人组成的教师队伍很好地做到理论教学与实践教学有效结合。三是教学内容已明确，教材建设从无到有，由方燕妹老师担任副主编的《样板式常用应用文写作实践》满足了此期教学的需要。四是教学组织上逐步扬弃“一言堂”的方式，采取课内与课外相结合、课堂教学与网络学习相结合的方式。五是教学方法上，西方接受美学的“读者重要理论”“视野期待理论”“空白理论”等理论运用于应用文写作教学。六是应用文写作网络课程的建设，既丰富了教学资源，又延伸了教学空间，为学生与教师提供了学习交流的平台。总之，经过五年的努力建设，“应用文写作”课程已走向成熟。

3．提升阶段（2008 年至今）

2008 年，广东轻院开始全国实施国家示范高职建设项目。课程作为人才培养的落脚点，必然需要重点建设与改革。在“3 ~ 5 门专业核心课程 + 基础素质类课程 + 专业基础类课程 + 拓展类课程 + 综合类课程”课程体系中，“应用文写作”作为一门基础素质课程，成为全校的平台课程。

2008 年，在广东轻院委托麦可思数据有限公司对 2006—2008 届毕业生跟踪调查发现：学生对 35 项基本能力中的“有效的口头沟通”期望值最高（占 73%，见图 8 - 1），而对自己工作中“有效的口头沟通”评价最低（占 83%，见图 8 -2）。这一调查数据让我们深深领悟到：作为培养“书面表达能力”的应用文写作课需要进一步深度改革，因为书面表达与口头表达都是人们交流思想、表达思想的工具，其中又以书面表达能力更为重要。提升个人口头表达能力需要重视书面表达能力提升。

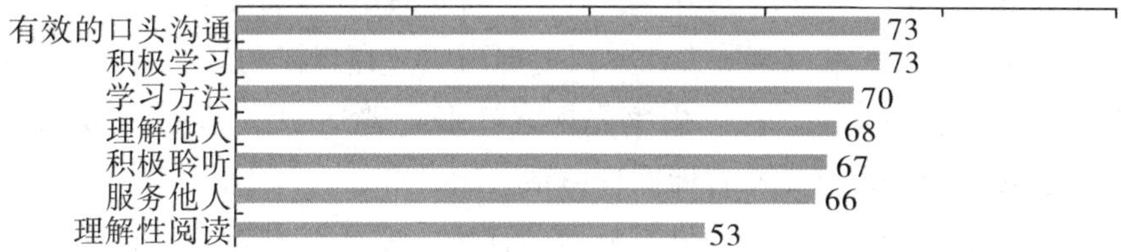

图 8 - 1　广东轻院学生“理解交流能力”期望值调查

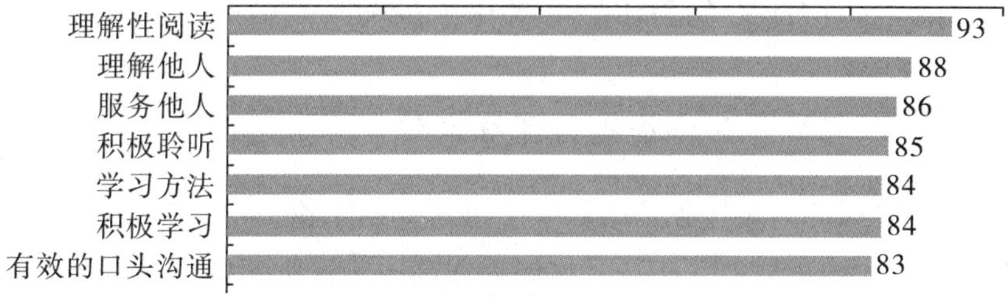

图 8 - 2　广东轻院学生“理解交流能力”自我评价值调查

在教育部《关于全面提高高等职业教育教学质量的若干意见》（教高〔2006〕16 号）精神的指导下，“应用文写作”课程进行了大幅度改革与建设。在教学内容选择上，我们经过多次调研及研究，最终按专业大类选择适合不同专业岗位需要的教学内容。由广东轻院教师主编或参编而作为教材的应用文写作教材先后有：《当代经济写作》（黄巨龙副主编）、《当代应用写作》（程时用副主编）、《企业应用文写作》（黄巨龙主编，程时用、黄卫副主编）、《当代应用文写作》（经管服务类，方燕妹主编）、《当代应用文写作》（工程技术类，张瑞华主编）、《当代应用文写作》（电子传播类，程时用主编）。在教师安排上，实施了“教师挂牌上岗授课、学生自由选择教师”的竞争激励机制，既促使教师提升教学水平，又让学生自由选择自己喜爱的教师，提升了教学效果。在教学设计上，构建了“常用公务文书—常用事务文书—常用专业文书”的内容体系，真正实现了“基础课为专业课服务”的功能。在教学组织上，执行了“三统一”（统一标准、统一课时、统一考核）、“四注重”（注重过程性、注重实践性、注重目标性、注重综合性）的教学过程，采取了“教考分离、评价多元”的评价考核方式。在资源建设上，应用文写作网络课程在原有资源的基础上，先后建设了校级精品课程、校级精品资源共享课、省级精品资源共享课程，丰富了教学资源，提升了教学质量。

随着人才培养改革的深入，基础课如何为专业服务的课题提上日程，在叶小明院长的带领下，广东轻院“应用文写作”“高职英语”“思想政治课”“计算机基础”“高等数学”等基础素质类课程，根据高职教育规律和专业人才培养要求，不断地探索、创新与实践，在国内率先探索“职业普适—专业融合—素质拓展”模块化递进型高职公共基础平台课课程体系。2014 年，“‘职业普适—专业融合—素质拓展’模块化递进型高职公共基础改革研究与实践”获第七届广东省教育教学成果奖一等奖、国家级教育成果奖二等奖。

二、高职应用文写作课程改革内容

（一）以课程性质为依据进行课程定位

应用文写作课的主要任务是培养学生语言基础理论、语言运用能力及人文素质（即“能力本位 + 人文培养”）。本课程在高中阶段学习的“请假条”“条据”“计划”等简单应用文基础上，让学生从整体上对应用文写作应遵循的原则和规律形成基本认识，使学生明确应用文写作对履行岗位职责和提高工作效率的重要作用，根据经管服务类专业、工程技术类专业、电子传媒类专业具体需求，围绕着岗位需要的公务文书、事务文书、专业文书，以培养学生“必备”的书面表达、逻辑思维、交流沟通能力为核心，为今后从事岗位工作打下坚实的基础。

公共基础课如何与专业课程有效融合？公共基础课如何为专业学习服务？这是我国近 20 年职业教育领域“避而不谈”的问题，而面对着职业教育的深度发展与改革，此问题不得不认真对待。在广东轻院“职业普适—专业融合—素质拓展”的公共课建设指导思想下，应用文写作课程以“项目导向，任务驱动，工学结合，学以致用”为设计理念，课程教学要注意与学生专业课程或专业教育的衔接互动，提高学生的学习积极性和主动性。如在广告文案、产品说明书、毕业论文（设计）、调查报告等文种学习中，教师在讲授时跟学生进行专业方面的互动，这样一方面学生有参与的热情，另一方面课堂教学也因此而变得生动。

（二）以社会需求为依据选择教学内容

要提高教学质量，教学内容改革是重点。2008 年开始，文秘教研室将从事应用文写作课教学的 20 名专任教师分配到各个专业，在深入调查全校各专业群学生就业岗位和专业学习所需文种的基础上，根据各专业人才培养目标，并对南储仓储管理有限公司、广东志达纺织装饰有限公司等 30 多家企业进行深入探讨，反复研究全校基础平台课“应用文写作”的内容。教学内容的选择，主要遵行以下原则：一是循岗导教，突出职业性。作为一门基础工具课程，应用文写作课学习的直接目的就是让学生在工作岗位中能运用自如，因此，经过广泛的企业岗位调研，我们针对经管服务类、电子传媒类、工程技术类三大岗位群，紧贴专业需求，选取了与岗位相关的教学内容。二是循序渐进，遵循规律性。本着由浅入深、由易到难的层次递进原则，我们选取了“公务文书”“事务文书”“专业文书”三大块内容，以“身在职场”为主线，循序渐进地进行文种的学习，教学过程也按照“案例 + 讲授 + 讨论 + 实践 + 互评 + 修正 + 检验”的方法进行，环环相扣地进行。

根据课程定位、设计理念和思路，该教材内容包括常用公务文书、常用事务文书、常用专业文书 3 个单元，每个单元分必学和选学两个板块。必学板块包含 11 个项目，18 个典型工作任务；选学板块包含 8 个项目，18 个典型工作任务；涉及 38 个企业常用应用文文种。排序原则是：先共性后个性。单元一为各专业共同学习内容，单元二与单元三根据专业要求对应的学习内容不同，如电子传媒类教学内容（见表 8－1）。

表 8－1　广东轻院电子传媒类专业应用文写作教学内容

单元名称	必学项目	学习任务	选学项目	学习任务
单元一 常用公务文书	项目 1　公文格式	任务 1－1：制作文件格式	项目 1　报告与纪要	任务 1－1：报告写作
		任务 1－2：制作信函格式		任务 1－2：纪要写作
	项目 2　通知与通报	任务 2－1：通知写作	项目 2　决定与通告	任务 2－1：决定写作
		任务 2－2：通报写作		任务 2－2：通告写作
	项目 3　请示与批复	任务 3－1：请示写作		
		任务 3－2：批复写作		
	项目 4　函	任务 4－1：函写作		

续上表

单元名称	必学项目	学习任务	选学项目	学习任务
单元二 常用事务文书	项目5　筹划总结	任务5－1：计划写作	项目3　礼仪文书	任务3－1：请柬与邀请函写作
		任务5－2：总结写作		任务3－2：欢迎词与欢送词写作
	项目6　调研文书	任务6－1：市场调查报告写作	项目4　规章制度	任务4－1：企业章程写作
				任务4－2：管理办法与规则写作
	项目7　求职演讲	任务7－1：求职信写作	项目5　会务工作文书	任务5－1：会议通知写作
		任务7－2：竞聘词写作		任务5－2：会议议程写作
	项目8　契约文书	任务8－1：劳动合同写作	项目6　经济契约文书	任务6－1：意向书写作
				任务6－2：经济合同写作
单元三 常用专业文书	项目9　实习文书	任务9－1：实习报告写作	项目7　商务文书	任务7－1：商务信函写作
				任务7－2：商务谈判方案写作
	项目10　毕业设计	任务10－1：毕业设计	项目8　经济法律文书	任务8－1：经济仲裁协议书写作
		任务10－2：说明书写作		任务8－2：经济仲裁申请书写作
	项目11　告启文书	任务11－1：经济广告文案写作		任务8－3：经济纠纷起诉状写
		任务11－2：产品说明书写作		任务8－4：经济纠纷上诉书写作
		任务11－3：启事与海报写作		

（三）以项目导向、任务驱动为思路组织教学

以往的应用文写作教材和教学法，都是先讲文种的概念、特点、作用、结构和要求，然后附上例文，至于为什么要写这篇文书，文书中的观点、办法、措施是怎么形成的，一概不谈，更不用说如何加强写作训练。

在近几年的应用文写作教学改革中，采用“教学做一体化”的方法，坚持四个原则：一是讲解与实践结合原则。在教学过程中，学生在教师的指导下，明确写作任务、要求及基本技巧，进行个人的或集体的写作，写作完成后集体互评，然后修正后，发布于应用文写作平台，供大家课后学习与点评。二是研练与评价结合原则。这种方法突破传统“一言堂”教学模式，变课堂为发挥学生自主学习能力的“多言堂”。在学习过程中，让学生成为课堂教育的中心、主体，鼓励学生参与教学，在学中练、在练中学。三是课内与课外相结合原则。由于课堂时间的限制，大部分训练安排在课外进行，学生通过录像等形式进行作业提交，教师点评。另外，积极组织学生进行课外活动，参加各类比赛，以赛促学。同时，依托写作爱好协会，组织具体活动完成。四是面授与远程相结合原则。随着网络技术的飞速发展，学生也越来越热爱网络学习的方式。在本课程中，我们一方面将部分教学内容放到应用文写作精品课程平台上供学生学习，另一方面通过交流互动平台，学生对实践运用中的困难与疑点反馈给教师，教师实时进行解答。

（四）以学生情况为依据创新教学模式

1. 培养职业角色意识

应用文写作是一门多元一体的综合性、实用性极强的学科，涉及众多领域及学科知识，还涉及特定的写作目的、写作环境下的具体时空背景相关知识。这些特性，要求教学时必须特别注意结合其将来的职业角色，如写作“通知”这一文种，教师可根据学生所学专业假设写作材料，如某行业协会举办年会要写一份会议通知，在写作前应给学生多传授一定的实际工作经验知识，让他们理解该行业协会的性质，召开会议的目的、会议议题、与会人员的职务及数量如何把握、如何准备会议资料、控制会议成本等。这样，让学生在熟悉写作知识的同时能了解实际工作中的具体情况，明确其在未来工作中扮演的角色，就能激发写作兴趣，产生社会责任感，增强自信心，促进人格的和谐健康发展。

2. 模拟情景，优化教学

应用文写作教学应根据不同的专业而设计不同的情境进行模拟教学，通过再现应用文的运用环境，使学生在生动可感的情境中以实践主体的角色有目的地锻炼分析、研究、解决问题的能力，提高和优化思维的品质。教师可根据专业特点与各章节教学目标、教学重点与难点，通过一系列科学有序的教学设计为学生提供充分活动的时间和空间，引导学生进行相对独立的操作训练。比如根据文体特点，可以设计系列训练方案，如会议系列、合同系列、公关系列、市场调查系列等。讲经济合同时可先给学生介绍合同有关的写作知识和背景材料，然后让学生分组充当合同双方当事人就合同条款进行谈判协商，达成一致意见后按合同的规范格式制作成文。这种从收集材料到整理成文的完整训练，使学生在思维、写作、组织、协调、应变、创造等方面都能得到全方位的锻炼，同时培养了团队合作这样一个现代人必须具备的品质。

3. 书本知识积累与社会生活积累相整合

应用文写作教学要建立一种开放的学习环境，为学生提供一个多渠道获取知识、理解实际问题的途径和方法，将所学的知识综合应用于实践，并在应用写作实践中检验所学的知识和技能技巧。把单纯的课程知识接受转化为让学生在开放性的现实情景中主动探索研究，获得亲身体验的实践过程，这实际上是对学生所学书本知识积累及社会生活积累的一个整合，教师要善于了解与把握学生的学习生活，凡是出现在学生学习、生活中的能结合应用文写作的典型事例，都要求他们用文字进行表述。如获悉某专业组织产品营销技能大赛，就可要求该专业学生在活动前写活动计划、策划活动方案，活动结束后再写活动报告或个人小结；有些专业组织形象设计活动、学习汽车驾驶等，活动结束就要求他们写总结；到实习单位见习，就要求他们了解见习部门机构的设置情况和各部门的职能，搜集一两个典型的应用文实例，并尝试写见习报告。在这些活动中，教师要善于发现存在的问题，培养学生调查研究、分析资料、做出结论的能力及理论联系实际的品质和勇于创新的精神。

4. 综合思维训练

应用文的写作关键不仅仅在于拥有材料，还在于作者是否能围绕写作意图对材料进行梳理、归类、理清思路，它对培养、训练学生逻辑思维的严密性极有帮助。教师应引导学生先对材料的科学分类入手进行训练，在分类的基础上，指导学生根据文种的不同特点，或按事物的发展顺序，或按人的思维的逻辑顺序，或按问题的性质或按文种的特定格式，进行剪裁、组材、谋篇布局，力求做到中心突出、思路清晰。

同时范文的分析与病例的评改结合学习也不失是综合思维训练的一种好办法，应用文写作的范文是教会习作者应该怎么写，而病例评改则从反面入手，要求找出应用文不符合要求之处，让习作者知道不应该怎么写，在比较中学生对应用文文种的写作会更为深刻，还可就格式、结构、文种、标题、语言、标点符号运用等方面存在的问题分别练习，有助于训练思维的概括性与深刻性，同时也有助于学生培养严谨的思维品质与学习作风。

5. 开展丰富多彩的第二课堂

在教学实践上，除了课堂上要求学生做随堂的练习等，还打破课堂界限，充分依托学生社团，建立了深受学生欢迎的“应用写作爱好协会”，定期招纳学生，进行写作赛、辩论赛等。课程教学团队均为协会指导教师。

同时，教师积极组织学生参加各类比赛，如2009年6月5—6日由广东省文秘类专业协作委员会主办的“广东省首届秘书职业技能大赛”中，代表广东轻院参赛的8位选手全部获奖。在“首届广东省大学生公文写作竞赛”中，由黄巨龙、程时用、亓丽等老师指导的9位同学均获奖。其中，丘燕晓等2位同学获二等奖，梁玲等4位同学获三等奖，王诗洁等3位同学获优秀奖。广东轻院被竞赛组委会授予“优秀组织奖”。在“第三届全国高等院校学生语言文字基本功大赛”中，广东轻院300多位选手参赛，经过激烈角逐，广东轻院学子陈静红等7位同学获得大赛一等奖，李莹等12位同学获二等奖，柯围奋等20位同学获三等奖。在“第四届全国高等院校学生语言文字基本功大赛”中，广东轻院500多位选手参赛，经过激烈角逐，广东轻院有11位同学获得大赛一等奖，20位同学获二等奖，30位同学获三等奖。在2016年第五届广东省大学生写作竞赛中，陈婷、张翠花2位获得高职组特等奖（全省共9人），李秀文等17位同学获一等奖，黎丽榕等16位同学获二等奖，郭铭愉等12位同学获三等奖，在参赛院校中获奖率最高。

（五）以实践效果为依据改变评价模式

以往广东轻院应用文写作课程的评价考核采用“统一命题，统一考查，集体阅卷”的评价形式，评价内容主要包括有平时成绩（占总成绩的20%）、期末考试成绩（占总成绩的30%）。这种评价方法和内容都太过于笼统、粗放，不能激发学生学习的热情，也不能充分体现应用文写作课程对职业院校学生职业能力培养的特点。

只有淡化卷面分数，重视实际操作能力，重视对于过程的评价，将二者有机地结合起来，才能客观公正地评价学生。课程改革后，课程评价坚持“四个注重”原则：一是注重学生学习过程的评价。根据学生平时学习态度、课堂提问、课堂写作技能训练等情况，评定平时成绩，占总成绩的14%，其中缺勤3次，本课程成绩为0分。二是注重学生完成教学目标的评价。通过本课程的理论教学与实训，为学生打下应用文写作的扎实基础，使学生能主动学习，独立思考，举一反三，模拟撰写18个必学项目任务文书。根据学生完成的数量和质量的情况评定成绩，共占总成绩的36%。三是注重学生自主学习能力培养，根据选学18个任务，学生自主选择，网上学习10个文种，网站记录规定的学习时间及网上测评，每个任务

2 分，共占总成绩 20%。四是注重学生综合写作能力的评价。根据学生统一考查的情况评定成绩，占总成绩的 30%。

（六）以信息化为手段引导自主学习

当前，互联网技术和现代化通信系统的高速发展、广泛运用和日益普及，使得信息传播在社会生活中发挥越来越大的作用，高校育人环境正在发生深刻的变化。网络已经成为大学生生活的重要组成部分，他们通过网络媒体既可方便地漫游世界、获取新知，也可以自由地发表见解，展现自我。网络媒体以其特有的开放性、平等性、交互性、异质性和虚拟性，传播各种知识信息和思想观点，给大学生的价值观念和行为方式带来了不可估量的影响和冲击。

自 2005 年开始，应用文写作课程开始进行网络课程建设，2008 年进行校级精品课程建设，2012 年进行校级精品资源共享课建设，2014 年进行省级精品资源共享课建设。课程资源网站包括课程标准、电子教案、教学案例、教学课件、试题库、教学录像、参考文献目录等上网开放，实现优质教学资源共享。

由于受学时的限制，应用文写作课的选学项目全部安排在网络学习。如电子传媒类专业要求学生在 8 个项目 18 个任务中选择 10 个任务进行自主学习。在应用文写作课自主学习平台上，学生可以自主选择的学习任务，不同学习者之间以及教师和学习者之间可以根据教学的需要围绕所教所学的课程进行讨论、交流。这样一来，网络教学平台的使用大大扩展了课堂的容量，同时在课堂难以一对一辅导的问题也得到了解决。并且，教师和学生有了新的知识，可以在平台上进行第一时间的发布，供同学们参考，这样以很快的方式进行新知识的传播，达到了事半功倍的教学效果。由于学习平台具备学习跟踪及自我测试功能，学生每学习完一项任务并进行测试，成绩合格，记录期末总成绩 2 分。自主学习分值共为 20 分。

同时，为了更好地展示写作成果及分享写作经验，学生开通写作博客，每个学生将必学项目中的 18 个文种写成习作，发表于个人博客。同学之间可以互相学习、互相借鉴、互相批改，达到了“好文共欣赏”的效果。

三、高职应用文写作课程改革的效果分析

为了检验课程教学改革效果，我们通过“问卷星”向毕业生和在校生发放网络调查问卷，对 2009 级至 2012 级四个年级学生抽样调查，从选课方式、教学内

容、教学方法、教学手段、教学资源、教学评价、学习效果等方面设计 17 个封闭题和 1 个开放题，通过“问卷星”发放问卷和数据统计，共回收有效问卷 1 499 份，其中毕业生 401 份，在校学生 1 098 份。

（一）调查结果分析

1. 选课方式

教师是课堂教学的领导者、组织者和实施者，在整个教学过程中发挥着极为重要的作用。从接受美学的观点来看，如果教师能满足学生的“期待视野”，学生就更容易接受知识，达到视野融合，从而产生新的期待视野，得到不断提高。从调查来看，76% 的学生认可“教师挂牌上岗授课、学生自由选择教师”方式，而且 60% 的学生选择到了“自己喜爱的老师”。这种选课方式打破原来行政班级授课的方式，给任课教师带来无形的压力，教师既担心没有学生选择，又担心教学评价差，唯有不断提升教学水平，从而促进“教”与“学”的良性循环。

2. 教学内容

2008 年以前，我们使用的教材是《应用文写作》《样板式常用应用文写作》。随着高职教育的改革，这两本教材的内容不能满足岗位技能的需求，2010 年我们编写《企业应用写作》作为教材，紧贴岗位需求，以项目驱动，编写了 11 个单元、26 个项目、46 个典型工作任务、54 个文种。通过两年的教学，我们发现，为了将写作课程更好地与专业课程融合，更好地突出基础课程的服务功能，《企业应用写作》还是不能满足每个专业的具体需求。2013 年，将广东轻院专业分为管理服务类、电子传媒类、机械类、艺术设计四大类，编写各专业共同掌握的文种，增加专业文书模块，在北京师范大学出版社出版了 3 本写作系列教材。把内容分为“常用公务文书、常用事务文书、常用专业文书” 3 个单元，每个单元分必学和选学两个板块。必学板块包含 11 个项目，18 个典型工作任务；选学板块包含 8 个项目，18 个典型工作任务；涉及 38 个常用应用文文种。这一内容体系得到广东省同类院校师生的一致好评，调查显示广东轻院 69% 学生非常喜欢此教材内容。

3. 教学方法

在传统的写作教学上，如果教师传授的写作理论太多，学生课后又不能及时练笔，往往造成理论与实践脱节，学生写作能力不能得到提高。教学方法上，我们倡导不同教学单元教学方法多样化。如讲授“公文格式”时，在教师指导下，学生课余时间制作一份合格的公文版式，既掌握了公文基本知识，又锻炼了 Office

的应用能力；讲授求职文书时，采用情境教学法，将学生置身于就业情境，写作求职信、个人简历，通过课后学生组织的求职面试活动，学生提前进行择业角色，对后来的学生有一定的指导作用；讲授“计划、总结”时，一方面将学生个人大学规划作为主线，另一方面又将典型的规划案例展现给学生，让学生在不同的案例中得到反省。通过“你喜欢的教学方法”调查表明，分别有67.98%、62.04%、61.37%的学生认可“案例教学法”“情境教学法”“教学做一体化”这三种方法。对“自主学习”的选择有14%的学生，这表明当前高职院校学生学习能力较弱，还需要发挥教师教学过程中的主导作用。“项目教学法”赞成人数分别为14%，这说明在课程教育教学改革课程中，不同的课程性质决定教学方法的运用，前些年高职教育普遍提倡的“项目教学”理论，对基础课程并不一定适用。

4. **教学手段**

“盖文章，经国之大业，不朽之盛事。”应用文从产生开始就赋予“致用”的功能，因此，应用文写作课的内容无法在课堂全部完成，必须在“第二课堂”时间去实践、去学习。我们主要通过写作爱好协会、轻院写作园地、校园活动、校内办公室实习等多种形式进行实践活动，让学生将课堂所学知识运用于实践，在实践中发现自我的不足，从而促进自我知识的填补，自我提升。调查显示，学生对“写作爱好协会”与“轻院写作园地”特别欢迎，表示喜爱的学生分别占38%和24%，为学习提供了交流展示和成果固化的平台。而在大型的“校园活动”或“校内办公室”中，由于工作人员对事务发挥着控制作用，学生的主动性不能得到充分发挥，受欢迎程度也在减弱，表示喜爱的分别有23%和15%。

5. **考核方式**

课程考核是检验教学效果的重要手段，在问及“你希望应用文写作课程用哪些方式进行考核?”时，63%的学生支持我们采取的形成性考核方式，即“平时成绩+考试成绩”，平时成绩由每个文种的写作成绩累计，期末考试由文秘教研室统一命题，考查基本的知识能力（30%）与写作应用能力（70%）。形成性考核方式能及时了解学生阶段性的学习动态和结果，对学生而言，需要全程、全身心投入课程学习中来；对教师来说，根据学生的学习状态，可以对教学进度、教学内容等及时改进。

6. **学习效果**

通过调查发现，66.84%的学生认为学习好应用文写作非常重要，30.35%的学生认为一般重要，这说明学生是愿意学习这门课程的。学生在学习此课程之前，

67%的学生对应用文写作“不了解”，17%的学生对应用文写作“了解一点”，这说明学习此门课之前，学生对应用文写作知识和技能是掌握很少的。而通过此课程的学习后，81.64%的学生认为“提高了自己的语言运用能力”，71.15%的学生认为“对口语表达及思维能力有帮助”，68.74%的学生认为对“写作思路的开拓有帮助”，还有57.42%、57.07%、54.87%的学生分别认为对“人文素质修养的提高”“形成良好的素养”“认识人生和社会”有帮助（多选）。这说明，此门课程在培养学生综合素质方面可以发挥重要作用。

（二）改革的主要方向

1. 师资队伍建设

问卷中问及“希望教师从哪些方面提升教学水平时”（多选），69.63%的学生认为“教学内容更充实、更实用”，76.47%的学生认为“课堂教学气氛活跃”，58.32%的学生希望“多媒体资源更丰富”，48.31%的学生希望“教师提高表达能力”，23.46%的学生认为教师“需加强课堂纪律管理。”

以上数据表明，学生“期待的教师”与“现实的教师”还存在不少差异，这表明我们需要加强师资建设，提升教学水平：教学内容更加需要与专业学习融合；教学中采用多样的教学方法和教学手段；教学资源必须实时更新、加强建设；加强职业基本能力培训，提升教师的口头表达能力；加强职业道德建设，教师增强责任心、控制好课堂秩序。

2. 教学资源的建设

利用数字化教学资源、自主学习是现代教育发展的一个基本趋势，在“你是否利用公共基础课自主学习平台（如应用文写作精品课程、网络课程）进行应用文辅助学习?”的调查中，43%的学生“经常使用”，35%的学生“从不进入平台学习”，22%的学生“偶尔进入学习”。可见，高职院校学生自主型学习并没有形成习惯，学习对教师还有很强的依赖性。在教学过程中，教师需要进一步加强课堂教学与自主学习的结合，引导学生向自主学习发展。同时，需要不断丰富数字化资源，满足学生的需要，营造网络学习的氛围。在具体实施过程中，可以成立网络学习小组，教师通过虚拟教室或电子白板多种手段与学生同步或不同步进行交互。

3. 学习氛围的营造

对于如何营造良好的学习氛围中，学生从主观和客观两方面进行了清楚的认识，分别有31%、26%的学生认为“学习热情”“学习态度”是形成良好学习风气的主导因素，而“全校学习氛围”和“教育教学”也发挥着重要作用，选择人数分别为21%和22%。广东轻院学生最低高考分数连续多年超过本科线，生源质量很高。我们要让学生认识到：丰富的知识积累对人生的重要意义，端正学习态度、提高学习热情是学习的重要保证。同时，学校需要营造浓厚的“学习氛围”，在学生活动、学生比赛、价值导向中将始终融入“学习”主题。

随着社会经济文化的高速发展，用于处理事务、沟通交流的应用文，已成为当今时代的重要传播手段，应用写作基本能力也越来越成为人们考核的基本标准之一。经过五年的教学改革，广东轻院应用文写作课程已形成了特色鲜明的教学成果，但在高职教育转入内涵建设、铸造品牌建设的时期，应用文写作课程进一步深入改革，势在必行，我们还需在师资配备、资金投入等方面进一步加大力度。

四、高职应用文写作课程改革的实践案例——应用文写作课程标准

课程类型：基础平台课。

课程学分：2学分。

课程学时：32。

授课对象：大一学生。

修订时间：2014年9月。

修订人：文秘教研室。

（一）课程定位

“应用文写作”是高职院校各专业培养学生写作能力、表达能力、沟通能力和人文素质的基础平台课程，具有“工具性”和“人文性”双重特性，其中“工具性”是基础，“人文性”是核心。

“应用文写作”根据基础课为专业服务的思想和专业人才培养要求，不断地探索、创新与实践，针对经管服务类、电子传媒类、工程技术类三个范畴专业不同的要求，构建了“常用公务文书、常用专业事务文书、常用专业文书”的课程内容体系，按根据专业人才培养的发展需要，组织教学，很好地发挥了基础课的服务功能。

（二）课程目标

1. 能力目标

（1）具备良好的书面表达能力，能重点突出，条理清楚地汇报有关工作情况，能与客户和员工进行有效沟通。

（2）具备较强的独立思考、分析问题和解决问题的能力。

（3）熟练掌握岗位群工作所需文种的一般结构、写作要求及写作技能，具备较强的应用文写作能力。

（4）能撰写岗位群各项工作所需的专业文书。

（5）具有市场调研能力、工作计划能力、组织能力和总结能力。

（6）具备一定的宣传能力、产品宣传技巧、演讲能力。

2. 知识目标

（1）深刻理解掌握应用文写作技能对履行岗位职责和提高工作效率的重要作用。

（2）掌握常用公文文件格式、信函格式、纪要格式和行文规则等基本知识。

（3）掌握岗位群工作所需文种的特点、类型及功用等基本知识。

（4）掌握应用文的特点和语言、主旨、材料等方面的要求。

（5）掌握市场调研方法，掌握计划、总结、调查报告、求职信、竞聘词、劳动合同、实习报告、毕业设计、广告方案、产品说明书、海报、启事等常用文种写作方法、写作思路、语言要求及注意事项。

3. 素质目标

（1）培养学生诚实守信的职业道德和团队合作精神。

（2）培养学生吃苦耐劳的精神、严谨的工作态度、踏实的工作作风。

（3）培养学生良好的沟通能力、分析问题和解决问题的能力。

（4）培养学生一定的审美批评能力，能进行合适的自我展示。

（三）课程设计理念和思路

本课程根据高职院校实施“核心能力＋综合素质”人才培养模式的要求，以高职教育理论为指导，以企业业务活动为背景，以岗位群工作项目为导向，以典型工作任务为驱动，基于完成岗位群工作任务所需应用写作能力，全面贯彻“项目导向，任务驱动，工学结合，学以致用”的设计理念。

（四）课程内容、要求与学时安排

本课程的内容、要求与学时安排见表8－2。

表8－2　广东轻院应用文写作课程内容、要求与学时表

适用专业	单元名称	学习项目	知识要求	技能要求（含素质要求）	学时
全校各专业	单元一　制作公文格式	任务1－1：制作公文格式	1. 了解党政机关公文处理基本知识； 2. 熟悉党政机关公文文件格式的要素； 3. 掌握党政机关公文行文规则	1. 掌握党政机关公文文件格式制作技巧； 2. 根据给定材料制作文件格式	2
		任务1－2：制作公文信函格式	1. 了解党政机关公文信函格式与纪要格式的知识； 2. 熟悉党政机关公文信函格式与纪要格式的要素； 3. 掌握公文文件格式与信函格式的区别； 4. 掌握公文文件格式与纪要格式的区别	1. 掌握公文信函格式与纪要格式的制作技巧； 2. 根据给定材料制作公文信函格式与纪要格式	1
	单元二　通知与通报	任务2－1：通知写作	1. 了解通知的概念、特点； 2. 熟悉通知的类型； 3. 掌握通知的写作要求	1. 能按照行文制度正确行文； 2. 能恰当使用公文特定用语； 3. 能按照公文的结构模式编制各类通知	2
		任务2－2：通报写作	1. 了解通报的概念、特点； 2. 熟悉通报的类型； 3. 掌握通报的写作要求	1. 叙述典型事件准确、平实、简明； 2. 对事实的分析、评议部分能体现通报作者的思想水平； 3. 能编制一份通报	1

续上表

适用专业	单元名称	学习项目	知识要求	技能要求（含素质要求）	学时
全校各专业	单元三　请示与批复	任务 3－1：请示写作	1. 了解请示的概念、特点和种类； 2. 掌握请示的写作要求； 3. 掌握请示与报告的区别	1. 能用统计数字说明问题； 2. 陈述困难及事实，理据充分，要求合理； 3. 能恰当使用请示特定用语； 4. 能编制一份语言得体、一文一事、请求帮助的请示	1
		任务 3－2：批复写作	1. 了解批复概念、特点和种类； 2. 理解批复的写作要求； 3. 掌握批复的写作方法	1. 掌握批复的写作技能； 2. 能写出格式规范、针对性强、态度鲜明的批复	1
	单元四　函写作	任务 4－1：函写作	1. 了解函的概念、特点和种类； 2. 理解掌握函的写作要求； 3. 掌握函的写作方法	1. 掌握去函和复函的写作技能； 2. 能够写出格式规范、内容完备的函	1
	单元五　筹划总结文书	任务 5－1：计划写作	1. 了解计划的概念、特点、种类和别称； 2. 理解计划的写作要求； 3. 掌握文章式计划的写作方法	1. 能制订一份科学的、切实可行的计划； 2. 能从实际出发，进行量化预测； 3. 实施这份计划	2
		任务 5－2：总结写作	1. 了解总结的概念、特点和类型； 2. 理解总结的作用、计划与总结的关系； 3. 掌握总结的写作方法和要求	1. 能总结经验和分析问题； 2. 能归纳出规律性的认识； 3. 书面和口头表达顺	2
	单元六　经济调研文书	任务 6－1：市场调查报告写作	1. 了解市场调查报告的适用范围； 2. 市场调查报告的概念、特点和类型； 3. 市场调查报告的写作格式和要求	1. 设定选题能力； 2. 信息采集能力； 3. 团结协作能力； 4. 数据分析能力； 5. 解决问题能力； 6. 综合表达能力； 7. 自我评价能力	2

续上表

适用专业	单元名称	学习项目	知识要求	技能要求（含素质要求）	学时
全校各专业	单元七 求职演讲文书	任务7-1：求职信	1. 理解求职信的概念、特点、类型和功用； 2. 掌握求职信的一般结构及其写法； 3. 掌握求职信的写作要求	1. 能辨别分析招聘广告类型； 2. 能结合用人单位需求及个人专长撰写求职信； 3. 制作个人简历的能力； 4. 具备面试能力； 5. 自我推销能力	2
		任务7-2：竞聘词	1. 了解竞聘词的适用范围； 2. 理解竞聘词的概念、特点和类型； 3. 掌握竞聘词的写作格式和要求	1. 能思路清晰地完成演讲稿写作； 2. 驾驭语言的能力； 3. 控制情感情绪能力； 4. 临场发挥的能力	2
电子传媒类专业	单元八 经济契约文书	任务8-1：劳动合同	1. 了解劳动合同的适用范围和试用期； 2. 理解劳动合同的概念、特点和种类； 3. 掌握劳动合同的写作格式和要求	1. 熟练掌握劳动合同的写作技能； 2. 能撰写格式规范、结构完整、内容完备、表述正确的劳动合同	2
	单元九 专业实习文书	任务9-1：专业实习文书	1. 了解实习报告的适用范围； 2. 理解实习报告的概念、特点和类型； 3. 掌握实习报告的写作格式和要求	1. 能熟练掌握实习报告写作技能； 2. 能撰写格式规范、结构完整、内容完备、表述正确、要素齐全实习报告	2
	单元十 毕业设计文书	任务10-1：毕业设计文书	1. 了解毕业设计书的基本概念； 2. 理解毕业设计的性质、类别和程序； 3. 掌握毕业设计的格式和要求	1. 能熟练掌握毕业设计说明书的写作技能； 2. 能撰写格式规范、结构完整、要素齐全的毕业设计说明书	2

续上表

适用专业	单元名称	学习项目	知识要求	技能要求（含素质要求）	学时
电子传媒类专业	单元十一 告启信息文书	任务11－1：经济广告文案	1. 了解经济广告文案的概念、特点和作用； 2. 掌握经济广告文案的写作方法和要求	1. 掌握经济广告文案的写作技能； 2. 能撰写结构完整、格式规范的经济广告文案	2
电子传媒类专业	单元十一 告启信息文书	任务11－2：产品说明书	1. 了解产品说明书的概念、特点和种类； 2. 掌握产品说明书的格式与内容要素	1. 熟练掌握产品说明的写作技能； 2. 能撰写结构完整、格式规范、条理清楚的产品说明书	1
电子传媒类专业	单元十一 告启信息文书	任务11－3：启事	1. 了解启事的概念、特点和种类； 2. 掌握启事的写作方法和要求	1. 能熟练掌握启事的写作技能； 2. 能撰写结构完整、格式规范、表述准确的启事	1
电子传媒类专业	单元十一 告启信息文书	任务11－4：海报	1. 了解企业海报的特点和适用范围； 2. 掌握企业海报的一般写法和要求	1. 熟练掌握企业海报的写作技能； 2. 能撰写结构完整、格式规范、富有吸引力的企业海报	1
工程技术类专业	单元八 经济契约文书	任务8－1：劳动合同写作	1. 了解劳动合同的概念、特点和类型； 2. 理解劳动合同的写作要求； 3. 掌握劳动合同的结构形式和写作方法	1. 能熟练掌握劳动合同写作技能； 2. 能撰写格式规范、结构完整、内容完备、表述正确的劳动合同	1
工程技术类专业	单元九 专业实习文书	任务9－1：实习报告写作	1. 了解实习报告的适用范围； 2. 理解实习报告的概念、特点和类型； 3. 掌握实习报告的写作格式和要求	1. 熟练掌握实习报告的写作技能； 2. 根据材料，撰写格式规范、结构完整、内容完备、表述正确、要素齐全的实习报告	1

续上表

适用专业	单元名称	学习项目	知识要求	技能要求（含素质要求）	学时
工程技术类专业	单元十 毕业设计文书	任务10－1：毕业设计（论文）写作	1. 了解毕业设计（论文）的概念、特点和流程； 2. 掌握毕业设计（论文）的写作方法； 3. 掌握毕业设计（论文）的写作格式要求	1. 熟练掌握毕业设计（论文）的写作技能； 2. 根据材料，撰写格式规范、结构完整、内容完备、表述正确、要素齐全的毕业设计（论文）	2
	单元十一 告启信息文书	任务11－1：经济广告文案写作	1. 了解广告文案的概念； 2. 理解广告文案的特点和类型； 3. 掌握广告文案的写作格式和要求	1. 熟练掌握广告文案的写作技能； 2. 根据材料，撰写格式规范，结构完整，内容完备，表述正确，要素齐全的广告文案	1
		任务11－2：产品说明书写作	1. 了解产品说明书的适用范围； 2. 理解产品说明书的概念、特点和类型； 3. 掌握产品说明书的写作格式和要求	1. 熟练掌握产品说明书的写作技能； 2. 根据材料，撰写格式规范，结构完整，内容完备，表述正确，要素齐全的产品说明书	1
		任务11－3：专利申请书写作	1. 了解专利的含义和类型； 2. 理解专利申请的条件和流程； 3. 掌握主要专利申请文件的写法和要求	1. 熟练掌握专利申请文件的写作技能； 2. 根据材料，撰写格式规范、结构完整、内容完备、表述正确、要素齐全的专利申请文件	2
		任务11－4：启事写作	1. 了解启事的适用范围； 2. 理解启事的概念、特点和类型； 3. 掌握启事的写作格式和要求	1. 熟练掌握启事的写作技能； 2. 根据材料，撰写格式规范，结构完整，内容完备，表述正确，要素齐全的启事	1
		任务11－5：海报写作	1. 了解海报的适用范围； 2. 理解海报的概念、特点和类型； 3. 掌握海报的写作格式和要求	1. 熟练掌握海报的写作技能； 2. 根据材料，撰写格式规范，结构完整，内容完备，表述正确，要素齐全的海报	1

续上表

适用专业	单元名称	学习项目	知识要求	技能要求（含素质要求）	学时
经管服务类专业	单元八　经济契约文书	任务 8－1：劳动合同	1. 了解劳动合同的适用范围； 2. 理解劳动合同的概念、特点和类型； 3. 掌握劳动合同的写作格式和要求	1. 熟练掌握劳动合同的写作技能； 2. 能撰写格式规范，结构完整，内容完备，表述正确，要素齐全的劳动合同	2
		任务 8－2：经济合同	1. 了解经济合同的适用范围； 2. 理解经济合同的概念、特点和类型； 3. 掌握经济合同的写作格式和要求	1. 熟练掌握经济合同的写作技能； 2. 能撰写格式规范，结构完整，内容完备，表述正确，要素齐全的经济合同	2
	单元九　公关礼仪文书	任务 9－1：请柬与邀请函	1. 了解公关礼仪文书的适用范围、概念、特点和类型； 2. 理解请柬与邀请函的概念、特点和类型； 3. 掌握请柬与邀请函的写作格式和要求	1. 熟练掌握请柬与邀请函的写作技能； 2. 根据材料撰写格式规范，结构完整，内容完备，表述正确，要素齐全的请柬与邀请函	1
		任务 9－2：欢迎词与欢送词	1. 了解欢迎词、欢送词的适用范围； 2. 理解欢迎词、欢送词的概念、特点和类型； 3. 掌握欢迎词、欢送词的写作格式和要求	1. 熟练掌握欢迎词、欢送词的写作技能； 2. 根据材料撰写格式规范，结构完整，内容完备，表述正确，要素齐全的欢迎词、欢送词	1
	单元十　毕业设计文书	任务 10－1：毕业论文文书	1. 了解毕业论文的适用范围； 2. 理解毕业论文的概念、特点和类型； 3. 掌握毕业论文的写作格式和要求	1. 熟练掌握毕业论文的写作技能； 2. 根据材料撰写格式规范，结构完整，内容完备，表述正确，要素齐全的毕业论文	2

续上表

适用专业	单元名称	学习项目	知识要求	技能要求（含素质要求）	学时
经管服务类专业	单元十一 告启信息文书	任务11－1：经济广告文案	1. 掌握广告文案的内容结构； 2. 掌握广告文案的格式； 3. 掌握广告文案的写作要求	1. 会撰写格式正确的广告文案； 2. 会撰写格式正确的经济广告文案	2
		任务11－2：启事	1. 掌握启事的概念、特点和种类； 2. 掌握启事的与相关文种的区别； 3. 掌握启事的写作要求	1. 掌握启事的写作技能； 2. 能根据工作和生活需要，撰写启事； 3. 能根据工作需要，撰写合乎规范的启事	1
		任务11－3：海报	1. 掌握海报的格式、特点和种类； 2. 掌握海报的写作要求	1. 掌握海报的写作技能； 2. 能根据工作和生活需要，撰写合乎规范海报	1

（五）实施建议

1．教材

根据专业大类，选用不同教材。

2．教学场地

多媒体教室。

3．教学方法

“案例＋讲授＋讨论＋实践＋互评＋修正＋检验”七步法；教学手段：“课堂与课外、集中与分散、模仿与实践、面授与远程”四结合。

4．师资要求

教师具有汉语言文学本科毕业或从事应用文写作相关工作三年以上，按照“教师挂牌，学生选课”方式组建班级。

5．考核评价

采取“形成性评价＋终结性评价、定性评价＋定量评价、自我评价＋他人评价”相结合的多维考核体系，给学生以弹性化，人性化的能力发展空间，力求使考核更加合理、科学，全面检验学生综合素质和能力。在评价内容上，既包括对学生语言各项技能运用情况等的学业评价，也包括学生自我意识及元认知发展、学习策略的运用情况、情感态度、创新能力、与他人合作的程度等方面的非学业评价，总成绩由必学内容（36%）、选学内容（20%）、课堂表现（14%）和期末考核（30%）综合而成。应用文写作课程的考核评价见表8－3。

表8－3　广东轻院应用文写作课程学习考核评价表

单元名称	必学项目	考核任务	项目类别	考核标准	分值
单元一　常用公务文书	项目1　公文格式	任务1－1：制作文件格式	必学	制作一份格式标准的上行文	2
		任务1－2：制作信函格式		制作一份格式标准的信函文件	2
	项目2　通知与通报	任务2－1：通知写作		写一份会议通知	2
		任务2－2：通报写作		写一份通报	2
	项目3　请示与批复	任务3－1：请示写作		写一份请示	2
		任务3－2：批复写作		同学互换请示作业，进行批复	2
	项目4　函	任务4－1：函写作		写一份函	2
	项目1　报告与纪要	任务1－1：报告写作	选学（网络学习）	学习不少于20分钟，完成测试	2
		任务1－2：纪要写作		学习不少于20分钟，完成测试	2
	项目2　决定与通告	任务2－1：决定写作		学习不少于20分钟，完成测试	2
		任务2－2：通告写作		学习不少于20分钟，完成测试	2
单元二　常用事务文书	项目5　筹划总结	任务5－1：计划写作	必学	写一份大学三年个人规划并汇报	2
		任务5－2：总结写作		写一份所在部门（班级）工作总结	2
	项目6　调研文书	任务6－1：调查报告写作		小组完成调研、形成报告、汇报	3
	项目7　求职演讲	任务7－1：求职信写作		选定岗位，写一份求职信	1
		任务7－2：竞聘词写作		选定职位，写一份竞聘词并演讲	2
	项目8　契约文书	任务8－1：劳动合同写作		写一份劳动合同	2
	项目3　礼仪文书	任务3－1：请柬与邀请函写作	选学（网络学习）	学习不少于20分钟，完成测试	2
		任务3－2：欢迎词与欢送词写作		学习不少于20分钟，完成测试	2
	项目4　规章制度	任务4－1：企业章程写作		学习不少于20分钟，完成测试	2
		任务4－2：管理办法与规则写作		学习不少于20分钟，完成测试	2

续上表

单元名称	必学项目	考核任务	项目类别	考核标准	分值
单元二　常用事务文书	项目5　会务工作文书	任务5－1：会议通知写作	选学（网络学习）	学习不少于20分钟，完成测试	2
		任务5－2：会议议程写作		学习不少于20分钟，完成测试	2
	项目6　经济契约文书	任务6－1：意向书写作		学习不少于20分钟，完成测试	2
		任务6－2：经济合同写作		学习不少于20分钟，完成测试	1
单元三　常用专业文书	项目9　实习文书	任务9－1：实习报告写作	必学	写一份社会实践总结报告	2
	项目10　毕业设计	任务10－1：毕业设计		写一份论文详细提纲	3
		任务10－2：说明书写作		写某一产品说明书	1
	项目11　告启文书	任务11－1：经济广告文案写作		为某一产品写广告文案并汇报	3
		任务11－2：启事与海报写作		写一份启事或海报	1
	项目7　商务文书	任务7－1：商务信函写作	选学（网络学习）	学习不少于20分钟，完成测试	2
		任务7－2：商务谈判方案写作		学习不少于20分钟，完成测试	2
	项目8　经济法律文书	任务8－1：经济仲裁协议书写作		学习不少于20分钟，完成测试	2
		任务8－2：经济仲裁申请书写作		学习不少于20分钟，完成测试	2
		任务8－3：经济纠纷起诉状写作		学习不少于20分钟，完成测试	2
		任务8－4：经济纠纷上诉书写作		学习不少于20分钟，完成测试	2
课堂表现	态度端正（2分），学习积极（2分），出勤情况（6分），合作精神（2分），言行举止（2分）				14
期末考核	全校统一命题，填空题10分，选择题20分，改错题10分，材料题50分				30

6. **课程资源的开发与利用**

（1）文本资源：在现在教材基础上，根据行业岗位发展的需要，及时调整教材内容。

（2）信息技术资源：利用广东轻院“公共自主学习平台”，利用信息技术能向学生提供并展示多种类型的资料，包括文字、声音、图像等，并能灵活选择与呈现；可以创设、模拟多种与教学内容适应的情境；能为学生或毕业生从事工作探究提供重要的工具；可以使得相距千里的个体展开面对面交流。

（3）社会教育资源：在教学活动中，积极开发利用社会教育资源。一方面利用互联网上应用文写作相关资源进行教与学，另一方面邀请行业专家与教师共同开展教学研究，以促进教师的专业成长。同时将本课程优质资源为企业员工培训与工作提供参考与利用。

（4）生成性资源：在教学过程中，通过师生交互及生生交流过程中产生的新情境、新问题、新思路、新方法、新结果等用于教与学。

7. 必学项目设计

（1）必学项目设计可参考如表 8－4 所示的方案。

表 8－4　必学项目设计参考方案表

编号	学习项目	学习任务	知识目标	技能目标	训练方式、手段	结果与考核
单元一 常用公务文书	项目 1 公文格式	任务 1－1：制作文件格式	1. 掌握《党政机关公文处理工作条例》； 2. 掌握《党政机关公文格式》（GB/T9704—2012）关于文件格式的标准； 3. 掌握公务文书的概念、特点、文种、行文规则、语言等基本知识	1. 掌握制作党政机关公文文件格式的技能； 2. 能制作标准的公文文件格式	1. 展示红头文件； 2. 观看微课视频； 3. 学生制作； 4. 作品评析	1. 个人博客上传作品； 2. 教师评分
		任务 1－2：制作信函格式和纪要格式	1. 掌握（中办发〔2012〕14 号）关于信函格式和纪要格式的知识； 2. 掌握《党政机关公文格式》（GB/T9704—2012）关于信函格式和纪要格式标准	1. 掌握制作党政机关公文信函格式和纪要格式技能； 2. 能制作标准的信函格式和纪要格式	1. 展示红头文件； 2. 观看微课视频； 3. 学生制作； 4. 作品评析	1. 个人博客上传作品； 2. 教师评分

续上表

编号	学习项目	学习任务	知识目标	技能目标	训练方式、手段	结果与考核
单元一 常用公务文书	项目2 通知与通报	任务2-1：通知写作	1. 理解通知的适用范围； 2. 掌握通知的概念、特点、种类、写作要求等知识	1. 能按照行文制度正确行文； 2. 能恰当使用公文特定用语； 3. 能按照公文的结构模式编制各类通知	1. 观看动画视频； 2. 分析讨论视频； 3. 模拟视频任务写作	1. 个人博客上传作品； 2. 教师评分
		任务2-2：通报写作	1. 理解通报的适用范围； 2. 掌握通报的概念、特点、种类、写作要求等知识	1. 叙述典型事件准确、平实、简明； 2. 对事实的分析、评议部分能体现通报作者的思想水平； 3. 能编制一份通报	1. 模拟写作：就某同学在期末考试中的舞弊行为，请你拟写一份批评通报； 2. 作品评析	1. 个人博客上传作品； 2. 教师评分
	项目3 请示与批复	任务3-1：请示写作	1. 理解请示的适用范围； 2. 掌握请示的概念、特点、种类、写作要求等知识	1. 能用统计数字说明问题； 2. 陈述困难及事实，理据充分，要求合理； 3. 能恰当使用请示特定用语； 4. 能编制一份语言得体、一文一事、请求帮助的请示	1. PPT给出背景案例； 2. 组织分析材料； 3. 就所给材料拟写一份请求拨款的请示； 4. 集体评析	1. 个人博客上传作品； 2. 教师评分
		任务3-2：批复写作	1. 理解批复的适用范围； 2. 掌握批复的概念、特点、种类、写作要求等知识	1. 掌握批复的写作技能； 2. 能撰写格式规范、针对性强、态度鲜明的批复	1. 对上述请示做批复； 2. 学生分析	1. 个人博客上传作品； 2. 教师评分

续上表

编号	学习项目	学习任务	知识目标	技能目标	训练方式、手段	结果与考核
单元一　常用公务文书	项目4 函	任务4－1：函写作	1. 理解函的适用范围； 2. 掌握函的概念、特点、种类、写作要求等知识	1. 掌握去函和复函的写作技能； 2. 能撰写格式规范的去函和复函	1. PPT给出背景案例； 2. 组织分析材料； 3. 就所给材料拟写一份函； 4. 就来函写一份复函	1. 个人博客上传作品； 2. 教师评分
单元二　常用事务文书	项目5 筹划总结文书	任务5－1：计划写作	1. 掌握计划的概念、特点、类型和写作要求； 2. 理解的计划类文书的适用范围	1. 能制订一份科学的、切实可行的计划； 2. 能从实际出发，进行量化预测； 3. 实施这份计划	1. 根据个人情况，写大学规划； 2. 个案上台汇报； 3. 集体评析； 4. 写作博客互评	1. 个人博客上传作品； 2. 教师评分
		任务5－2：总结写作	1. 掌握总结的概念、特点、类型、作用和写作要求； 2. 理解的计划与总结的联系与区别	1. 能总结经验和分析问题； 2. 能归纳出规律性的认识； 3. 书面和口头表达流利	1. 根据近期举行的活动写一份总结； 2. 学生汇报； 3. 集体评价； 4. 写作博客互评	1. 个人博客上传作品； 2. 教师评分
	项目6 经济调研文书	任务6－1：市场调查报告写作	1. 掌握市场调查报告的概念、特点、类型和写作要求； 2. 理解市场调查的方法和问卷设计要求	1. 设定选题能力； 2. 信息采集能力； 3. 团结协作能力； 4. 数据分析能力； 5. 解决问题能力； 6. 综合表达能力； 7. 自我评价能力	1. 分成小组； 2. 各组讨论，明确选题目的，确立选题； 3. 教师展示问卷模板，明确要求，提示要点； 4. 组织学生对各组问卷进行评价，修改调整	1. 小组上传作品； 2. 教师评分

续上表

编号	学习项目	学习任务	知识目标	技能目标	训练方式、手段	结果与考核
单元二 常用事务文书	项目6 经济调研文书	任务6－1：市场调查报告写作			5. 分组讨论调查对象、调查日期、调查地点； 6. 对调查数据分析并绘制出数据图； 7. 进行定性定量分析； 8. 调查成果展	
	项目7 求职演讲文书	任务7－1：求职信写作	1. 掌握求职信的概念、特点、类型； 2. 理解求职信的写作要求和注意事项	1. 能辨别分析招聘广告类型； 2. 能结合用人单位需求及个人专长撰写求职信； 3. 制作个人简历的能力； 4. 具备面试能力； 5. 自我推销能力	1. 学生分组搜集招聘资料； 2. 模拟人才招聘会（5人一组，分别扮演公司的人力资源部员工负责策划本公司的职位空缺和宣传求职者携带个人简历到现场根据不同的岗位空缺进行模拟应聘）	1. 个人博客上传作品、视频； 2. 教师评分
		任务7－2：竞聘词写作	1. 掌握竞聘词的概念、特点、类型； 2. 理解竞聘词的写作要求和注意事项	1. 能思路清晰地完成演讲稿写作； 2. 驾驭语言的能力； 3. 控制情感情绪能力； 4. 临场发挥的能力	1. 用PPT、录像资料演示，给学生直观的印象； 2. 先由1～2名学生进行示范性表演； 3. 安排一次竞选（假设学校将进行学生会改选，请你作为候选人发表你的竞聘）	1. 个人博客上传作品、视频； 2. 教师评分

续上表

编号	学习项目	学习任务	知识目标	技能目标	训练方式、手段	结果与考核
单元二 常用事务文书	项目8 经济契约文书	任务8－1：劳动合同写作	1. 掌握《中华人民共和国劳动法》《中华人民共和国劳动合同法》和国家行政法规的有关知识； 2. 掌握劳动合同的概念、特点、类型和作用； 3. 理解劳动合同的写作要求和注意事项	1. 掌握劳动合同的写作技能； 2. 能撰写合乎规范的劳动合同	1. 扮演角色，谈论合同条款； 2. 制定一分劳动合同； 3. 展示作品； 4. 分析评价	1. 个人博客上传作品； 2. 教师评分
单元三 常用专业文书	项目9 专业实习文书	任务9－1：实习报告写作	1. 掌握专业实习的任务和要求； 2. 掌握实习报告的概念、特点、类型； 3. 理解实习报告的写作要求和注意事项	1. 掌握实习报告的写作技能； 2. 能按专业实习的任务和要求撰写合乎规范的实习报告	1. 以自己亲身体验写一份报告； 2. 上台分享； 3. 集体点评； 4. 写作博客互评	1. 个人博客上传作品； 2. 教师评分
	项目10 毕业设计文书	任务10－1：毕业设计（设计）	1. 掌握毕业设计（设计）任务和要求； 2. 掌握毕业设计（设计）的概念、特点、作用、一般结构等写作知识； 3. 掌握毕业设计（设计）的答辩基本知识	1. 掌握毕业设计（设计）的写作技能； 2. 能按毕业设计的任务和要求撰写合乎规范的毕业设计（设计）； 3. 能顺利通过毕业设计答辩	1. 写一篇论文设计（设计）； 2. 展示作品； 3. 集体点评； 4. 模拟答辩	1. 个人博客上传作品； 2. 教师评分
	项目11 告启信息文书	任务11－1：经济广告文案写作	1. 掌握经济广告文案的概念、特点、类型等知识； 2. 掌握经济广告文案的写作基本知识	1. 掌握经济广告文案的写作技能； 2. 能撰写合乎规范的经济广告文案； 3. 培养学生严谨的工作态度、踏实的工作作风	1. 为某一产品写方案； 2. 方案展示； 3. 集体评析； 4. 写作博客互评	1. 个人博客上传作品； 2. 教师评分

续上表

编号	学习项目	学习任务	知识目标	技能目标	训练方式、手段	结果与考核
单元三 常用专业文书	项目11 告启信息文书	任务11-2：产品说明书写作	1. 掌握产品说明书的概念、特点、类型等知识； 2. 掌握产品说明书的写作基本知识	1. 掌握产品说明书的写作技能； 2. 能撰写合乎规范的产品说明书； 3. 培养学生严谨的工作态度、踏实的工作作风	1. 为某一产品写说明书； 2. 说明书展示； 3. 集体评析； 4. 写作博客互评	1. 个人博客上传作品； 2. 教师评分
		任务11-3：专利申请书写作	1. 掌握求专利申请书的概念、特点、类型等知识； 2. 掌握专利申请书的写作基本知识	1. 掌握专利申请书的写作技能； 2. 能撰写合乎规范的专利申请书； 3. 培养学生严谨的工作态度、踏实的工作作风	1. 为某一产品写专利申请； 2. 专利申请书展示； 3. 集体评析； 4. 写作博客互评	1. 个人博客上传作品； 2. 教师评分
		任务11-4：启事写作	1. 了解启事的适用范围； 2. 理解启事的概念、特点和类型； 3. 掌握启事的写作格式和要求	1. 能熟练掌握启事的写作技能； 2. 根据材料，撰写格式规范，结构完整，内容完备，表述正确，要素齐全的启事	1. 写一则启事； 2. 启事展示； 3. 集体评析； 4. 写作博客互评	1. 个人博客上传作品； 2. 教师评分
		任务11-5：海报写作	1. 了解海报的适用范围； 2. 理解海报的概念、特点和类型； 3. 掌握海报的写作格式和要求	1. 能熟练掌握海报的写作技能； 2. 根据材料，撰写格式规范，结构完整，内容完备，表述正确，要素齐全的海报	1. 为某一产品设计海报； 2. 海报展示； 3. 集体评析； 4. 写作博客互评	1. 个人博客上传作品； 2. 教师评分

（2）一次课的设计可参考如表 8 –5 所示的设计案例。

表 8 –5　一次课设计案例

<table>
<tr><td colspan="4">教学单元名称：撰写竞聘词</td></tr>
<tr><td colspan="2">授课教师：</td><td>授课班级：</td><td>学时数：1</td></tr>
<tr><td colspan="3">授课日期：</td><td>教学场所要求：多媒体教室</td></tr>
<tr><td rowspan="2">教学目标</td><td>能力目标</td><td>知识目标</td><td>素质目标</td></tr>
<tr><td>1. 掌握竞聘词和就职词的写法；
2. 能针对竞聘条件，重点突出，别开生面；
3. 能有效地控制感情，在公众前发表演讲</td><td>1. 竞聘词的基本写法；
2. 演讲的基本技巧</td><td>1. 公众场合不胆怯；
2. 面对新情况有一定应变能力；
3. 吐字清晰，声音洪亮，仪表端庄</td></tr>
<tr><td>教学重点</td><td colspan="3">1. 竞聘词的写法；
2. 演讲的基本技能</td></tr>
<tr><td>训练任务或案例</td><td colspan="3">1. 竞聘岗位的基本情境假设；
2. 竞聘词案例分析；
3. 学生写作竞聘词；
4. 小组讨论文稿，推荐优秀者课堂演讲，每组选一个评委；
5. 教师总结及要求</td></tr>
<tr><td>教学准备</td><td colspan="3">1. 话筒及音响设备、相机；
2. 奥巴马演讲视频</td></tr>
<tr><td>课后作业</td><td colspan="3">1. 针对演讲不足，小组修改文稿，反复练习，每个学生将视频上传到应用文学习网站；
2. 各组网上评分</td></tr>
<tr><td>教学体会</td><td colspan="3">以具体可感的任务布置给学生，能提高学生的学习兴趣，学生进入角色扮演，提高了素质，课堂气氛非常活跃</td></tr>
</table>

教学过程设计

主要步骤	教学内容	教学方法或手段	教学手段	学生活动	时间分配
告知（教学内容、目的）	竞聘词的写作 竞聘类演讲的重要性	讲解法	PPT 展示	学生听讲	3 分钟

续上表

教学过程设计					
主要步骤	教学内容	教学方法或手段	教学手段	学生活动	时间分配
引入（项目引入）	小组划分，组长负责 竞聘岗位假设	讲解法	小组协作	学生讨论	2 分钟
实施（任务驱动）	讲解竞聘词的写法 优秀演讲词分析 学生写作竞聘词 小组修改讨论 播放奥巴马就职演讲片断 学生上台演讲，学生代表评分	讲解法 讨论法 点评法	巡视交流 观看视频 模拟写作 成果展示	学生起草 学生讨论 学生演讲	30 分钟
深化（加深对基本能力的认识与体会）	教师纠正文书内容 教师纠正演讲技巧	演示法	个案分析	学生听讲 学生训练	3 分钟
归纳（知识/能力/素质）	竞聘词的写法 竞聘词的演说技巧	讲解法	PPT 展示	学生修改	2 分钟
创新（拓展）	演讲的运气、场面控制、观众交流等技巧介绍	讲解法 演示法	个案分析	学生训练	2 分钟
总结	竞聘词写作的注意事项	点评法	PPT 展示	学生修改	2 分钟
布置作业	1. 录制个人演讲视频，上传至网站 2. 各组网上评分	讲解法	网络辅助	学生记录	1 分钟

阅读链接

接受美学观照下的应用文写作教学研究

在应用文写作课堂上，有时难免会出现这样的情况：当教师津津乐道地讲解某个文种写作时，学生们的反应却不尽相同，有时他们的感受和评判甚至差异很大。1967 年德国康茨坦斯大学文学史教授、文艺学家尧斯正是据此现象认为文学作品的意义不是作家独创的，而是由作家和读者共同创造和完成的，而且他认为读者不仅仅是鉴赏家、批评家，也是“作家”。此理论后来发展为著名的接受美学理论，而后很快向东西两个方向辐射、蔓延，短短 10 多年就已席卷了欧洲大陆与苏美，压倒了曾经煊赫一时的结构主义思潮，成为最新的、影响最广的美学理论之一。在日益重视人文教育、审美素质的今天，将接受美学理论运用于应用文写作教学，具有重要的指导意义。

一、“读者重要理论”对应用文写作教学的启示

接受美学的创始人之一尧斯认为：“传统文学史和文学理论完全忽视了读者这个因素，片面地把作家、作品当作整个文学进程的核心与客观的认识对象，认为作品的思想艺术价值是给定的和永恒的。但事实上，读者也是一种能动因素，作家与作品在文学史上的地位，作品能否流传下来，能否产生影响及影响的程度，与它们是否为读者欣赏、接受、认可密不可分。”在作者、作品和读者的三角形中，读者并不是被动的部分，并不仅仅作为一种反应。没有读者的主动参与，文学作品的历史生命是不可想象的。

教学可以理解成是创作与欣赏的双边活动，教师相当于原作者。一整套的教学活动就像是其精心创作的一部作品，其创作的目的就是给“读者”（学生）欣赏与接受。尧斯的“读者重要理论”要求教师在教学活动中把“作品”（教学）的“读者”（学生）作为教学活动的主体来看待，激发学生内在的学习动机，没有学生的积极参与，教学就无法取得令人满意的效果。

（一）教师挂牌授课，学生自主选择教师

在近两年的应用文教学中，我们结合专业特点和各专业群学生就业岗位所需文种，打破行政班级界限，把全校平台课应用文写作分成若干个待选班级，将具备任课资历的教师资料公布于教学选课系统，学生根据专业需求和教师上课评价，自主选择教师。学生人数未达到标准的班级取消，学生进行二次选课。这一措施的实行，让学生既选择了贴近未来就业岗位的教学内容，又选择了自己喜爱的任课教师，充分调动了学习激情，学习积极性明显提高。同时，又迫使任课教师不断更新教学内容、更新教学方法与手段，提高教学水平。

（二）转换教师角色，以学生为中心

传统的教学以教师为中心，学生的主体性无法得到充分体现。接受美学理论启示我们，“以学生为中心”出发还是从“以教师为中心”出发将得出两种全然不同的教学效果。为体现“以学生为中心”这一思想，在应用文写作教学时充分考虑了学生的创新精神、知识外化和自我反馈三个基本要素。教学活动中，教师只提出文种写作的基本要求与方法，学生以个体或小组的形式完成写作任务，作业评价依托公开写作评价平台“奇文共欣赏”，师生合力完成。课堂教学结束后，依托各职能部门、教学单位办公室实习单位和写作爱好者协会，加强写作能力的

应用，通过参加写作大赛、语言文字大赛等多项活动，学生进行自我写作能力评价，从而不断提高写作水平。

二、“视野期待理论”对应用文写作教学的启示

尧斯还提出了接受美学一个重要的理论就是“期待视野”。期待视野指接受者由现在的人生经验和审美经验转化而来的关于艺术作品形式和内容的定向性心理结构图式，也是接受者以往鉴赏中获得并积淀下来的对艺术作品艺术特色和审美价值的认识理解。接受美学的核心即读者，它的一条重要原则就是“视野融合”，只有读者的期待视野与文学文本相融合，才能谈得上接受和理解。同样，在教学活动中，只有学生的期待视野与教学活动相融合，才能实现人才培养的预期目标。

（一）精心设计教学内容，满足学生期待视野

应用文写作能力是一个人的职业核心能力之一。“在这个文字密集的社会里，我们比以往任何时候都更需要具备最基本的读写技能。这里所说的读写技能，首先就是足以应付日常工作和生活所需的写作能力，也就是应用写作能力。”现在的许多企事业单位，都把应用文写作能力看作是从业人员必备的素质和技能，把它同谋生、职薪、生活水准联系在一起，成为人们的一种竞争手段。

实践证明，不同院系、不同专业、面对不同岗位的学生的期待视野，必然带来学生学习应用文写作不同的学习基础、动机、态度、方法和效果，如果对这些学生实行统一的教材、内容、学时、教学方法、教学手段和评价方法，势必会出现“差生吃不了，好生吃不饱”的现象。因此，我们充分考虑到学生不同的审美距离、接受能力和理解能力，深入调查各专业群学生就业岗位和专业学习所需的文种，根据各专业人才培养目标，组织编写适合经管服务类、工程技术类、电子传媒类等专业群学生学习的三本“项目导向，任务驱动，工学结合，学以致用”配套教材，教材依照“必学和选学”思路分为常用公务文书、常用事务文书、常用专业文书三大模块，很好地满足了不同学生的不同期待视野，充分调动了学生主体的情感。

在项目驱动、任务引导教学方法流行的高职教育的今天，我们组织任课教师开展教研活动，把教学内容创造性地设计成各种教学任务，让不同层次写作水平的学生通过完成任务进行学习的问题做细致深入的研究，以避免出现任务层次与任务维度层面的脱节。两年多的教学实践证明，只有当教学任务的期待视野与学生的创造性期待视野相一致时，学生的审美经验才能得到扩展，接受能力才能获得极大的提高。

（二）利用多媒体技术，扩大学生期待视野

公共期待视野是指在一定的历史时期占统治地位的共同期待视野，它以隐蔽的方式影响着个人期待视野的构成。在应用文写作教学中，教师可以利用公共期待视野带动学生个人期待视野。当今多媒体技术日益发达，教师可以根据自主学习的特点，充分利用多媒体技术优势，以图像、声音、动画配合文字等多模态形式丰富课堂教学，增加课堂信息量，引起学生对应用文写作学习的个人期待视野扩大的兴趣。同时，我们还利用网络的交互性，通过应用文写作精品课程、网络课程、习作评价平台、公共基础课自主学习平台，为师生提供广阔的交流空间和便捷的交流手段，充分体现学生的学习自主性，激发他们的创造性，从而快捷、有效地扩大公共期待视野，教师不断强调的公共期待视野就会变成学生自己的个人期待视野，让学生在潜意识中把应用文写作学习看作是自己的自主行为，而不是纯粹的依靠教师，从而养成主动学习、自我思考的好习惯。

（三）“空白理论”对应用文写作教学的启示

尧斯还认为，阅读是读者想象性再创造的过程。一部作品的本文“为读者唤起熟知的来自较早本文的期待和规则的世界，那样，这些较早的本文就被改动、修正、改变，或者甚至干脆重新制作了”。所以，作品的意义更多在于唤起或更改读者的记忆，文学文本总是有许多的空白，等待读者在阅读过程中调动想象去填充。在教学活动中，“教”是教师创造“作品”的过程，“学”则是学生再创造“作品”的过程。法国文学批评家圣伯夫说：“最伟大的诗人并不是创作得最多的诗人，而是启发得最多的诗人。”教学就是激发学生积极性和创造力的过程，衡量一节课的好坏不是看教师讲授多少知识，而是以学生掌握多少有效知识为标准。

接受美学认为，任何一个文本都存在不同程度的意义空白和不确定性，而这些空白需要读者去填补，不确定性则需要读者去确定。首先，在有限的课堂教学中，教师要有意识地引导学生去填补“空缺”，领略相关学习材料的深层意义，留给学生思考的空间，激发他们的想象力。有经验的教师，“在讲课的时候，好像只是微微打开一个通往一望无际的科学世界的窗口，而把某些东西有意地留下不讲”。这就给学生造成暂时性知识上的“空白”，当学生发现某个知识有缺漏时，他们就会通过图书资料或网络弥补知识。实际上，受课时的局限，应用文写作课不可能也没有必要将所有的文种、知识点面面俱到，教师需要精心设计教学内容，适当给学生留下知识的“空白”，让他们自主去完成学习。其次，我们构建了“开放式的大课堂”模式，强调课堂外的校园、社会环境对应用写作课堂教学的制约和影响，即应用文写作教学不仅仅局限于课堂上的30个左右学时中，而是放在校园、社会这些广阔的天地，利用各种刊物墙报、写作爱好者协会为学生写作训练搭建平台，利用学生专业实习、社会实践开展写作实践训练，努力拓展课堂教学时空，让学生在写作实践中发现学习上的“空白”，掌握应用写作技能，提高应用写作水平。

四、结尾

从两年多的教学实践来看，接受美学理论借鉴于应用文写作教学，将传统教学的“以教师为中心”转换为“以学生为中心”，强调了学生的接受和再创造，使学生在学习中的地位和作用得到了肯定和提高，激发了学习热情，提升了自主学习能力。

第九章　高职公共基础课改革研究与实践教学成果总结

公共基础课作为专业学习的基础，承担职业能力、职业道德、综合素质等基础能力培养任务，在高级技术技能人才培养中具有重要的奠基作用。但在高职教育教学实践中存在两个方面的问题：一方面，公共基础课固守学科的完备性，脱离职业教育的实际需求；另一方面，在强调高职教育职业性的同时，又有忽视公共基础课作用，混淆中职与高职界限的倾向，这都有悖高职教育人才培养模式的根本要求。长期被忽视的公共基础课是高职人才培养方案的薄弱环节，高职公共基础课改革势在必行。

2008 年以来，广东轻工职业技术学院系统地围绕高职公共基础课程体系问题展开了研究与改革实践。学校针对高职公共基础课脱离高素质技术技能型人才培养需求的问题，以优化基础能力培养和促进后续专业学习为目标，以高等职业教育中的思想政治教育、公共英语、计算机基础、高等数学、应用文写作等公共基础课为改革对象，构建并实施了“职业普适—专业融合—素质拓展”高职公共基础课教学体系，取得了良好的育人效果，并于 2014 年获得国家级教学成果奖二等奖。

一、高职公共基础课改革思路与定位

（一）高职公共基础课的性质定位

高等职业教育作为高层次的职业教育，兼具高等性和职业性的双重属性，相比于普通高校更强调专业技术技能培养，相比于中等职业技术学校，更注重发展潜能和创新能力的培养，以培养具有综合职业能力和全面素质的，直接从事生产、服务、技术和管理第一线工作的高级技术应用型人才为目标。在 2009 年教育部高职院校领导首批海外培训汇报会上，原广东轻院院长叶小明教授就提出“高等性也是高职教育的根本属性，必须从高职教育的‘高等性’出发，突出公共基础课的教育功能”的重要思想，并指出高职人才培养目标的实现取决于高职公共基础课程和专业课程有机融合的改革与创新，得到教育部领导的高度认可。在此思想指引下，广东轻院针对公共基础课改革开始了全面深入的理论与实践探索。

（二）高职公共基础课改革的核心问题与改革维度

高职公共基础课是高级技术技能人才培养方案的重要组成部分，一方面承担着基础能力和综合素质培养任务，另一方面为专业学习奠定基础。因此，如何在有限的教学时间内，使公共基础课既能满足培养高技能人才所需的基本素质与可持续发展能力，又能服务于专业技能培养，奠定专业学习基础，是目前高职公共基础课改革面临的核心问题。在2012年广东省高职院校公共基础课程教学改革与发展研讨会上，广东轻院以《高职公共基础课改革：纬度考量与实现路径探索》为题做了主题报告，提出了公共基础课改革的衡量维度：一是高职公共基础课价值取向——工具性与人文性的平衡；二是高职公共基础课程体系——公共性与特殊性的统一；三是高职公共基础课改革尺度——必需与够用原则。

（三）高职公共基础课改革定位

学校在深入分析高等职业教育公共基础课的性质与特征的基础上，明确提出了公共基础课改革的方向定位——“强化基础、服务专业”：一方面，改革传统的学科中心体系，在知识的宽度与深度中做出衡量与取舍，强化高职教育基础能力培养，为学生终身学习和可持续发展奠定根基；另一方面，公共基础课必须加强与后续课程的联系，针对专业教育对基础课的实际需要，服务于专业学习，奠定专业学习基础。

二、“职业普适—专业融合—素质拓展”高职公共基础课程体系构建

按照人的学习规律和不同专业大类对公共基础课的不同需求，将公共基础课分为职业普适、专业融合、素质拓展三大阶段和模块开设。这种递进式的高职公共基础课程体系具有三个特点：一是课程开设的系统性，二是与专业教育的衔接性，三是因材施教与循序渐进性。递进式高职公共基础课程体系包括以下三种。

职业普适性课程：为所有专业学生开始的公共必修课，属共性教学内容，面向学生未来各职业岗位所需的共性知识和技能，侧重于文化素养和普适性基础能

力培养。学校全面开设了思想政治教育、公共英语、计算机基础等职业普适性课程。

专业融合性课程：考虑公共基础课与后续专业课学习的衔接，按专业类别分为机电、轻化、经管、艺术四大类，根据专业学习需要和实际应用案例组织教学内容“模块”，为各专业大类学生必修。如高等数学在机电等专业中开设“工程数学”，在经管类专业中开设“概率论与数理统计”；计算机基础对艺术类专业开设“图形图像处理”“CAD”等动画技术方面的课程，面向经管类专业开设“网页设计”等电子商务、管理信息系统方面的课程等。

素质拓展性课程：以创新能力培养和素质拓展为目标，开设素质拓展选修课，并以第二课堂、校园活动、各级竞赛等途径拓展学生素质。各公共基础课科目均开设了旨在拓展与提升学生素养的选修课，如高等数学开设数学建模和数学实验等方面的选修课；公共英语开设了“高级英语”“行业英语”等选修课程；计算机应用开设“计算机组装与维护”选修实训课程；应用文写作开设“中国文学”“古代文学”等拓展性的选修课程。

三、成果主要内容和具体措施

（一）重构高职公共基础课知识体系，开发适用于不同专业大类的公共基础课程标准

打破学科体系设计思维定式，以职业应用能力和可持续发展能力培养为目标，项目按“职业普适—专业融合—素质拓展”的逻辑结构重构高职公共基础课知识体系。公共英语选取紧扣职业岗位实际需求的教学内容，构建了具有高职教育特色的“基础英语＋职业英语＋行业英语”课程标准；高等数学、计算机基础分别面向广东轻院机电、轻化、经管、艺术四大专业类别需要，注重把专业应用要求与基础能力培养相结合，将专业应用案例融入课程教学内容，开发适用于不同专业大类的公共基础课程标准。

（二）开发多元高职公共基础课自主学习平台和“研练中心”实践教学平台

广东轻院系统构建了高职公共基础课自主学习平台，涵盖了“职业普适—专业融合—素质拓展”三个递进阶段的课程，包括大学英语类、“两课”类、应用文写作、计算机基础、高等数学等5门公共基础课共33门课程，其中资源共享课程9门、网络课程22门。自主学习平台内容包括课程标准、教材资源、教案、课

件、软件、教学案例、教学录像、在线测试、学习交流论坛等，实现了学生自学、网上答疑、交流互动等，递进式、开放性的课程满足了学校师生、企业和社会学习者自主学习需要。

创建了“大学生思想政治心理品德素质教育研练中心”，由一条150平方米的回廊和五个总面积510平方米的研练教室的“一廊五室”组成，既有图文并茂，主题鲜明的展板，还有可供学生进行研练的工具、多媒体设备等。通过创设特殊的课堂教学环境，实施学生为主体的情景式、启发式、互动型教学提供了物质条件，打造了全国独有的富有特色的思想政治理论课实践教学平台，被国内思政专家评价为“开展思想政治教育实践活动的一个创举”，“创新思政教育内容与方式，增强教育实效的好载体”。

（三）构建以职业应用能力培养为主线的“研练结合、学用一体”的高职公共基础课多元化教学模式

一是改革教学方法，广泛应用案例研讨、辩论竞赛等教学方法，引导学生自主学习，实现了教、学、用的统一。

二是改革教学评价方式，注重多元评价，实行教师评价与学生评价相结合、过程性评价与终结性评价相结合。如思政部实施“平时考勤+研练课考核+企业德育实践考核+期末考试”的多元考评方法；再如公共英语推行“教师教学记录袋+学生学习档案袋+职业情境英语综合应用能力考核”的评价方式。

三是教学模式的创新：思想政治素质教育通过创建“研练中心”，实施“研练结合”教学模式；公共英语将第一课堂（校内教学）、第二课堂（课外活动）和第三课堂（校外实习）相结合，实施“职场、情境、体验为中心的三课堂相结合”教学模式；计算机基础实施“分层教学、教考分离”的教学模式；高等数学实施“公共基础—专业基础—提高拓展”模块实践一体化教学模式；应用文写作成功实现“教师挂牌上岗授课，学生自主选择教师”的教学运行机制创新。

（四）建设适应改革要求的高职公共基础课教学资源

教材资源建设：广东轻院将高职公共基础课程和专业课程有机融合，按“职业普适—专业融合—素质拓展”的高职公共基础课知识结构，规划开发结合专业学习要求的公共基础教材，教师参编主编各类教材共19本，其中明确面向专业类别的有3本，如《当代应用文写作》（经管服务类）、《应用数学》（经管类）、《应用数学》（理工类）等。

教师资源建设：制定实施《教师参加专业实践的管理办法》《机构岗位数量核定及管理》等制度，学校明确规定在5年内，公共基础课教师参加专业实践的时间应不少于20周；实施公共基础课教师与各个院系的专业教研室双向选择制度，要求公共基础课教师确定深度联系的专业并参与专业建设加深对专业的了解，促使所有公共基础课教师主动走进企业参加生产实践或参加相关职业资格考试，已有38人取得“双师型”教师资格。

（五）形成了一套支撑基础课教学改革的保障体系

学校制定了《关于实施基础平台课程改革的通知》《教学质量督导工作细则》《制订人才培养方案指导意见》等5项制度，系统构建了管理制度体系，从课题立项、资源平台、经费项目等为公共基础课改革提供政策支撑。学校2010—2012年连续3年的人才培养方案都明确规定“全校基础素质类平台课程的开设要向各专业人才培养方案渗透，为专业核心课程服务、为学生就业服务、形成具有广东轻院特色的基础课课程体系”，并且“不得随意取消课程及更改课时”。项目成果进入学校人才培养方案，进一步保障了公共基础课改革的有效推进和可持续发展。

四、成果主要创新点

改革理念的创新。根据高职教育性质与目标，提出高职公共基础课程和专业课程有机融合的思想、“强化基础、服务专业”的改革思路和“三个统一”的改革维度，从理论上明确了高职公共基础课的功能、性质与定位，突破了工学结合、校企合作背景下，公共基础课自成系统的瓶颈。

课程体系的创新。以职业应用能力培养为主线，在国内率先探索并成功实践“职业普适—专业融合—素质拓展”递进式高职公共基础课程体系，符合人的发展规律和高级技术技能人才培养规律，打通了公共基础课与专业课之间的樊篱。

教学模式的创新。面向专业大类全面革新高职公共基础课教学内容，形成了“研练结合、学用一体”的多元化教学模式，实现了“三课堂相结合”“分层教学”“挂牌授课”等教学模式创新。

素质拓展平台创新。搭建了有效培养高职生的可持续发展能力的素质拓展平台：一是开设全院选修课和素质拓展课程，二是常规化课外活动和品牌化校园活动，三是自主学习平台和“研练中心”体验式学习平台。

五、成果实施的主要成效

项目在高职教育教学实践中得以广泛应用，大力提升了高级技术技能人才培养质量，并得到教育界的认可与同行的广泛借鉴。成果优化和完善了高等职业教育课程体系与人才培养方案，为高职教育改革与发展提供典型范例。

（一）成果在校内广泛应用，教学效果显著提升

项目成果自2009年开始广泛应用于全校各专业在校学生，受益学生共计超过3万人。项目实施显著提升了公共基础课教学效果，实现了公共基础课程从枯燥灌输到教师爱教、学生爱学，学生在教学评价中形容："非常喜爱、终生难忘"。为保障课程教学质量，广东轻院构建了学校、学生、企业三方教学质量评价和反馈机制，促进教学质量的不断提高。据学校教学质量监控数据显示，公共基础课程改革后学生评教分数连续三年都在85分以上。

公共基础课教师获得广东省哲学社会科学优秀成果三等奖、全省青年教师教学基本功大赛二等奖等各项奖励15项；在公共基础课教师指导下，广东轻院学生在全国高职高专实用英语口语大赛、全国高等院校学生语言文字基本功大赛、全国大学生数学建模竞赛等各类大赛中获奖75项。

（二）学校人才培养质量显著提高

项目实施后从促进了学校人才培养质量显著提高：一是明显促进学生后续专业课学习。近3年来学生取得毕业证书和职业资格证书"双证书"的比率为99.6%。麦可思公司第三方质量报告显示，毕业学生的平均月收入从2009届至2011届逐年提高，分别为2 313元、2 408元、2 809元，均高于全国示范性高职院校水平；广东轻院学生就业率、就业质量等指标普遍高于全国示范高职平均水平。

二是促进了学生的职业迁移与可持续发展。根据学校近年来对毕业生就业质量的追踪调查，用人单位对广东轻院毕业生的职业道德、学习能力、可持续发展能力予以高度评价，认为广东轻院培养的学生知识面宽、学习能力强。麦可思公司对广东轻院用人单位的调查报告显示，聘用过本校毕业生的用人单位对广东轻院毕业生的总体满意度达98%。

三是促进了高端复合型职业人才培养。公共基础部门与专业教学部门合作成立包装印刷涉外商务课程班，从大学英语四级以上的包装印刷类专业学生中选出

并组班，在班上实施“专业 + 外语 + 商贸”的宽口径、复合型人才培养模式，着力培养懂专业、有较高外语水平和涉外商务知识的复合型人才，得到企业的欢迎与支持。

（三）成果获教育界认可、推广和借鉴

围绕公共基础课改革，开展各级各类科研与教学改革课题研究 17 项；发表相关学术论文 17 篇，所提出的学术观点被多次转载和广泛引用；在专著《守望高职——高职教育发展理论与实践探索》中以广东轻院为案例系统论述了高职公共基础课改革思路；项目开发了高职特色鲜明的公共基础课教材共 19 部，其中面向专业大类要求开发了专业融合类教材共 3 部，得到实践应用和推广。

广东轻院在 2012 年广东省高职院校公共基础课程教学改革与发展研讨会上做主题报告，全省 20 多家高职院校的 110 多名公共基础课教师反响热烈并索要了相关的经验材料，广东省教育厅也给予该成果高度评价，认为广东轻院公共基础课改革成效显著，课程体系特色鲜明、科学严谨。

多次获邀在教育部举办的全国高职思政骨干教师培训班、广东省高职高专教学改革成果研讨会、教育部职业教育与成人教育司主办的“职业教育服务产业发展暨国家示范高职院校建设四周年成果展示会”等重大场合，以及五邑大学等同行院校进行大会报告和经验介绍。项目成果被高职院校广泛借鉴，先后有 100 多所兄弟院校到广东轻院学习公共基础课改革经验和成果，成果被广东交通职业技术学院等 3 所高职院校采纳应用。

六、项目成果预期前景

成果的不断完善和实践，将在高技能人才培养质量提升方面凸显成效；成果课程体系、教学模式、教学资源与平台具有较强的通用性和推广性，将在今后为更多的院校提供借鉴。下一步广东轻院将继续开展高职公共基础课教学改革的研究与实践，完善、扩展和推广项目成果，为社会培养更多有可持续发展潜力的高等技术技能型人才。

参考文献

［1］毛礼锐，沈灌群．中国教育通史：第1卷［M］．济南：山东教育出版社，1985.

［2］凌石德．坚持以人为本，深入开展思政工作［J］．前沿，2012（13）.

［3］黄洪兰．后现代主义教育目的观研究及我国教育目的价值取向［D］．长春：东北师范大学，2006（5）.

［4］潘涌．国外教育思潮的融入与中国现代教育思想的价值演绎［J］．清华大学教育研究，2011（4）.

［5］国家教育发展与政策研究中心．发达国家教育改革的动向和趋势：第四集［M］．北京：人民教育出版社，1992.

［6］岳瑛．我国家校合作的现状及影响因素［J］．天津市教科院学报，2002（3）.

［7］李运林．协同教育是未来教育的主流［J］．电化教育研究，2007（9）.

［8］黄立新．技术支持的协同教育研究述评［J］．电化教育研究，2008（12）.

［9］中共中央马克思恩格斯列宁斯大林著作编译局．马克思恩格斯选集：第1卷［M］．北京：人民出版社，1995.

［10］李国钧，王炳照．中国教育制度通史：一、二、三、四卷［M］．济南：山东教育出版社，2000.

［11］李秀林，王于，李淮春．辩证唯物主义和历史唯物主义原理［M］．北京：中国人民大学出版社，2004.

［12］郑永廷．思想政治教育方法论［M］．北京：高等教育出版社，1999.

［13］冯建军．当代主体教育论［M］．南京：江苏教育出版社，2001.

［14］张天宝．走向交往实践的主体性教育［M］．北京：教育科学出版社，2005.

［15］王俊恒．教育主体观的演变与主体教育的思考［J］．河南师范大学学报（哲学社会科学版），2012（6）.

［16］谢丽娴，韩光道．大学生思想政治教育情境创设探究［J］．高教探索，2010（4）．

［17］谢丽娴，韩光道．协同论视阈下高职院校思想政治教育模式的构建与实施［J］．广东轻工职业技术学院学报，2013（4）．

［18］谢丽娴，林雄辉．论高职院校思想政治理论课实践教学的目标定位［J］．教育与职业，2009（23）．

［19］谢丽娴．高职院校思想政治理论课实践教学定位的理性思考［J］．高教探索，2008（4）．

［20］戴金祥．加强高校思想政治理论课社会实践教学环节的理性思考［J］．长江大学学报（社会科学版），2005（5）．

［21］冯达成．构建思想政治理论课情景教学模式的思考与实践［J］．广西教育学院学报，2008（4）．

［22］陈岸涛．体验式教学模式在高校思想政治理论课中的运用［J］．学校党建与思想教育，2010（26）．

［23］DEWEY J. Experience and education［M］. New York：Collier Books，1938.

［24］HUTCHINSON T，WATER A. English for specific purposes［M］. Oxford：Cambridge University Press，1987.

［25］黄慧，王海．对基于建构主义理论的我国外语教学研究的调查与思考［J］．外语与外语教学，2007（6）．

［26］陈小近，韩玲．服务于专业的高职英语评价体系改革［J］．武汉船舶职业技术学院学报，2009（1）．

［27］戴士弘．职业教育课程教学改革［M］．北京：清华大学出版社，2007.

［28］刘黛琳．教指委要成为高职高专英语教学改革的引领力量［J］．外语界，2009（1）．

［29］张爱荣，韩云霞．国外职业教育中值得借鉴的课程体系［J］．职业技术教育，2005（29）．

［30］吴寒，李华，钟丽君．高职院校公共英语课程改革的探索与实践［J］．广东轻工职业技术学院学报，2012（3）．

［31］吴寒，刘福英，李芹．信息技术与高职公共英语课程整合教学模式改革探索：以广东轻工职业技术学院为例［J］．广东轻工职业技术学院学报，2013（4）．

［32］吴寒，刘子毅．体验学习理论视角下的大学生英语自主学习能力培养的

有效途径探究［J］. 广东轻工职业技术学院学报，2009（3）.

［33］吴寒，黄奕云. 基于职业能力培养的高职英语教学模式探索与实践［J］. 广东水利电力职业技术学院学报，2010（4）.

［34］陈坚林，史光孝. 对信息技术环境下外语教学模式的再思考：以 DDL 为例［J］. 外语教学，2009（6）.

［35］陈晶. 浅谈朗文交互英语网络学习平台对学生自主学习能力的体现［J］. 佳木斯教育学院学报，2013（9）.

［36］汪清明，等. 面向高职专业应用的计算机应用基础课程改革［J］. 计算机教育，2012（14）.

［37］汪清明，李久仲，贺秋芳. 面向高职类专业的计算机应用四层次课程体系的研究与实施［J］. 广东轻工职业技术学院学报，2012（3）.

［38］贺秋芳，汪清明，李久仲. 高职《计算机应用基础》课程教学改革与实践［J］. 广东轻工职业技术学院学报，2013（4）.

［39］程时用，黄巨龙. 论接受美学观照下的应用文写作教学启示［J］. 广东轻工职业技术学院学报，2013（1）.

［40］程时用.《应用文写作》课程改革成效调查分析［J］. 广东轻工职业技术学院学报，2013（4）.

［41］奈斯比特. 大趋势：改变我们生活的十个新趋向［M］. 孙道章，译. 北京：新华出版社，1984.

［42］苏霍姆林斯基. 给教师的建议［M］. 杜殿坤，译. 北京：教育科学出版社，1984.

［43］朱兰. 以项目教学为载体的高职“应用文写作”课程改革与实践［J］. 北京劳动保障职业学院学报，2014（1）.

［44］黄巨龙.《企业应用文写作》教学改革探讨［J］. 长江大学学报（社会科学版），2009（4）.

［45］黄巨龙. 关于当代应用文定义的探讨［J］. 作家，2009（4）.

［46］周莹萍，刘生华. 基于工作过程的课程体系改革与实践：以应用文写作为例［J］. 广东轻工职业技术学院学报，2009（4）.

［47］黄巨龙，程时用. 全校基础平台课《应用文写作》教学改革初探［J］. 广东轻工职业技术学院学报，2012（3）.

后　记

高职教育是培养高素质技术技能型人才的高等教育类型，高职公共基础课是专业学习的基础，承担职业能力、职业道德、综合素质等基础能力培养任务，在人才培养中具有重要的奠基作用。但在当前的高职教育实践中，公共基础课沿袭普通高等教育单一、以学科为中心的课程体系，过于注重学科知识的完整性而脱离专业实际需要，知识与专业学习割裂，加之教学方法陈旧，导致学生缺乏学习兴趣。长期被忽视的公共基础课是高职人才培养方案的薄弱环节，高职公共基础课改革势在必行。但高职公共基础课改革“改什么”和“如何改”仍是悬而未决的学界难题。

本书通过系统研究高职教育公共基础课的相关理论，结合高职教育人才培养的本质需要，探析高职教育到底需要怎样的公共基础课，剖析高职公共基础课的内在逻辑，明确高职公共基础课改革方向，以优化公共基础能力培养和促进后续专业学习为目标，系统构建了“三阶段递进式”高职公共基础课系统。在此基础上，本书以国家示范性高职院校——广东轻工职业技术学院的“职业普适—专业融合—素质拓展”递进式高职公共基础课改革作为案例，对递进式高职公共基础课改革理论与实践进行了系统深入的探讨。

本书是在叶小明研究员的全面主持下完成的，其作为总负责人在广东轻工职业技术学院全面推进了公共基础课改革研究与实践，并带领本书其他作者共同获得国家级教学成果二等奖，从理论和实践两个方面为本书的写作提供指导与框架，本书即建立在此基础之上。广东轻工职业技术学院朱雪梅副研究员具体组织了本书统稿，并撰写了第一、第二、第三章；李作为教授全程参与了学校高职公共基础课改革的方案制定、实施推进与成果提炼；韩光道教授负责撰写了第四章；吴寒教授负责撰写了第五章；汪清明教授负责撰写了第六章；黄国荣教授负责撰写了第七章；程时用副教授负责撰写了第八章；本书所有作者都参与了公共基础课改革的理论研究与实践应用，并共同合作完成了第九章。高职所黄英霞博士、周红莉博士负责本书后期统稿的修改、校对工作。

在本书撰写过程中，课题组得到了广东轻工职业技术学院公共基础课的教学单位和教师的大力协助，为我们提供了丰富的资料与案例；广东轻工职业技术学院高职所、科研处对本书出版的组织协调方面提供诸多帮助。同时，本书的出版也得到了学院领导的大力支持。在此，致以衷心的感谢！

限于水平与时间，本书难免存在不当和错误之处，恳请读者给予批评指正。

作　者

2016 年 3 月